旅游汉语
Tourist Chinese

编　著　王　健
英文翻译　罗　平

华语教学出版社
SINOLINGUA

First Edition 2002

All rights reserved. No part of this book may be reproduced, stored in a retrieval system, or transmitted in any form or by any means without permission in writing from the publisher.

ISBN 7-80052-834-0
Copyright 2002 by Sinolingua
Published by Sinolingua
24 Baiwanzhuang Road, Beijing 100037, China
Tel: 86-10-68326333/68995871
Fax:86-10-68326333
E-mail: sinolingua@ihw.com.cn

Printed by Beijing Foreign Languages Printing House
Distributed by China International
Book Trading Corporation
35 Chegongzhuang Xilu, P.O. Box 399
Beijing 100044, China

Printed in the People's Republic of China

编写说明

《旅游汉语》可供外国来华的旅游者和对中国旅游文化感兴趣的学习者使用。本书属于短期汉语教学的基础教材,适合于学过300个左右汉语单词的学习者使用,既可在日常短期教学中使用,又可以作自学教材使用。

《旅游汉语》共20课,每课由会话、生词、语法讲解和练习题及答案几部分组成。本书配有汉语拼音及英语译文。书后还附有中国常用、急用电话号码和几大旅游城市的若干饭店及电话号码等,以方便学习者使用。

《旅游汉语》意在培养和提高学习者运用汉语进行交际的能力。力求从旅游生活的实际出发,通过功能项目的训练、词语搭配训练、语法生成训练等手段扩大词汇量,同时提高语言的表达能力。本教材所设计各项练习实用性很强,使学习者能有效地进行练习。

《旅游汉语》在编写过程中,得到了北京语言文化大学吴叔平老师的关心和支持,国家对外汉语领导小组办公室及华语教学出版社的领导都给予了热情的帮助,一并致以深切的谢意。

北京语言文化大学

王 健

2002年1月

目 录

日常用语 ……………………………………………………………… 1

第一课　电话询问 …………………………………………………… 1
　　会话
　　生词
　　语法:"S + V1 + V2 + O"、"要"、"欢迎"
　　练习
　　答案

第二课　决定旅行路线 ……………………………………………… 10
　　会话
　　生词
　　语法:"又"、"看看"、"从"
　　练习
　　答案

第三课　委托办手续 ………………………………………………… 20
　　会话
　　生词
　　语法:"动词/形容词 + 了 + 没有?"、"好了"、"倒"
　　练习
　　答案

第四课　在飞机上 ON THE PLANE ……28
　　会话
　　生词
　　语法:"能……吗?"、"还是"、"动词+时量补语"
　　练习
　　答案

第五课　入境手续 ENTRY FORMALITIES ……37
　　会话
　　生词
　　语法:"动词+在"、"再"、"好"
　　练习
　　答案

第六课　接机 MEETING AT THE AIRPORT ……46
　　会话
　　生词
　　语法:"动词+着"、"离"、"太+形容词+了"
　　练习
　　答案

第七课　住饭店 CHECKIN IN @ THE HOTEL ……55
　　会话
　　生词
　　语法:"(是)……的"、"可以不可以"、"喜欢"
　　练习
　　答案

第八课　拨电话 MAKING A PHONE CALL ……64
　　会话

生词
语法:"还"、"先"、"跟……(不)一样"
练习
答案

第九课　在餐厅 IN THE DINING HALL ... 73

会话
生词
语法:"随"、"有点儿+形容词"、"惯"、"还"、"动词+得/不+动词/形容词"
练习
答案

第十课　点菜 ORDERING DISHES ... 84

会话
生词
语法:"爱"、"动词+来/去"、"咱们、我们"
练习
答案

第十一课　问路 ASKING THE WAY (DIRECTIONS) ... 94

会话
生词
语法:"往"、"形容词+不+形容词?"、"就"
练习
答案

第十二课　换钱 FOREIGN EXCHANGE ... 103

会话
生词

· V ·

语法:"除了"、"上"、"一下"
练习
答案

第十三课　谈"老外" TALKING ABOUT FOREIGNERS 113

会话
生词
语法:"究竟"、"一……就……"、"可"
练习
答案

第十四课　游大上海 TOURING SHANGHAI 123

会话
生词
语法:"非……不可"、"动词+过"、"挺"
练习
答案

第十五课　游杭州 TOURING HANGZHOU 132

会话
生词
语法:"都"、"怎么+动词/形容词"、"各……各(的)……"
练习
答案

第十六课　逛苏州 TOURING SUZHOU 143

会话
生词
语法:"沿"、"像……似的"、"不……不……"
练习

答案

第十七课　坐车北上 GOING NORTH BY TRAIN ……… 153

　　会话
　　生词
　　语法："要……了"、"动词+得+形容词"、"就"
　　练习
　　答案

第十八课　看北京城 TOURING BEIJING ……… 163

　　会话
　　生词
　　语法："不简单"、"名词+通"、"哪里！"
　　练习
　　答案

第十九课　皇家园林 THE IMPERIAL GARDEN ……… 172

　　会话
　　生词
　　语法："极"、"动词+出来"、"原来"
　　练习
　　答案

第二十课　今天可能休息不好了 MAY NOT HAVE A GOOD REST ……… 182

　　会话
　　生词
　　语法："非"、"动词+上去"、"形容词AA或AABB"
　　练习
　　答案

附录 EMERGENCIES ETC ……… 193

一、中国常用和急用电话号码 …………………… 193
二、几大旅游城市的若干饭店及电话号码 ……… 193
三、中国主要节日 ………………………………… 196

日常用语

(一)

你好！
Nǐ hǎo!
How do you do!

你早！
Nǐ zǎo!
Good morning!

晚安！
Wǎn'ān!
Good night!

谢谢！
Xièxie!
Thanks.

再见！
Zàijiàn!
Good-bye.

1

明天见!

Míngtiān jiàn!

See you tomorrow.

(二)

你是哪国人?

Nǐ shì nǎ guó rén?

Which country are you from?

我是美国人。

Wǒ shì Měiguó rén.

I am from America.

您叫什么名字?

Nín jiào shénme míngzi?

What's your name?

我叫乔治。

Wǒ jiào Qiáozhì.

My name is George.

我是坐飞机来的。

Wǒ shì zuò fēijī lái de.

I came here by plane.

我是跟朋友一起来的。

Wǒ shì gēn péngyou yìqǐ lái de.

I came with my friends.

（三）

请问。
Qǐngwèn.
Excuse me.

对不起。
Duì bù qǐ.
I'm sorry.

请等一下。
Qǐng děng yí xià.
Wait a minute, please.

打搅了。
Dǎjiǎo le.
Sorry to disturb you.

别客气。
Bié kèqi.
Not at all.

麻烦您了。
Máfan nín le.
Sorry to bother you.

(四)

你去哪儿？

Nǐ qù nǎr?

Where are you going?

我去北京饭店。

Wǒ qù Běijīng fàndiàn.

I'm going to Beijing Hotel.

你住哪儿？

Nǐ zhù nǎr?

Where are you living?

我住友谊宾馆。

Wǒ zhù Yǒuyì Bīnguǎn.

I'm living in Friendship Hotel.

明天你做什么？

Míngtiān nǐ zuò shénme?

What are you going to do tomorrow?

明天我去长城。

Míngtiān wǒ qù Chángchéng.

I'm going to the Great Wall tomorrow.

(五)

你身体好吗?
Nǐ shēntǐ hǎo ma?
How are you?

马马虎虎。
Mǎmahūhū.
Just so so.

你英语说得很好。
Nǐ Yīngyǔ shuō de hěn hǎo.
You speak English very well.

哪里哪里。
Nǎlǐ nǎlǐ.
Far from that.

你忙吗?
Nǐ máng ma?
Are you busy with your work?

我很忙。
Wǒ hěn máng.
I'm quite busy.

(六)

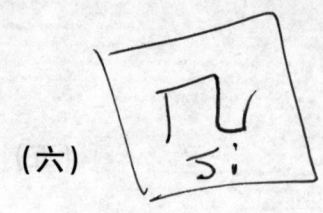

今天几月几号?
Jīntiān jǐ yuè jǐ hào?
What date is it today?

今天六月五号。
Jīntiān Liùyuè wǔ hào.
It's June 5th today.

明天星期几?
Míngtiān xīngqī jǐ?
What day is it tomorrow?

明天星期日。
Míngtiān Xīngqīrì.
It's Sunday tomorrow.

现在几点了?
Xiànzài jǐ diǎn le?
What time is it now?

现在十二点。
Xiànzài shí'èr diǎn.
It's twelve o'clock now.

你是什么时候来北京的?

Nǐ shì shénme shíhou lái Běijīng de?
When did you come to Beijing?

(七)

你要什么?
Nǐ yào shénme?
What would you like?

你要多少?
Nǐ yào duōshao?
How much/many do you want?

一斤多少钱?
Yì jīn duōshǎo qián?
How much is it for 500g?

能再便宜点儿吗?
Néng zài piányi diǎnr ma?
Could it be a bit cheaper?

还要别的吗?
Hái yào bié de ma?
Do you want anything else?

一共三块二。
Yígòng sān kuài èr.
Totally 3 yuan and 20 cents.

(八)

你做什么工作?
Nǐ zuò shénme gōngzuò?
What do you do?

我是学生。
Wǒ shì xuésheng.
I'm a student.

你一个星期工作几天?
Nǐ yí ge xīngqī gōngzuò jǐ tiān?
How many working days do you have each week?

我们一个星期休息两天。
Wǒmen yí ge xīngqī xiūxi liǎng tiān.
We take two days off every week.

你家有几口人?
Nǐ jiā yǒu jǐ kǒu rén?
How many people are there in your family?

我有一个哥哥和一个姐姐。
Wǒ yǒu yí ge gēge hé yí ge jiějie.
I have an elder brother and an elder sister.

电话询问

Lesson 1　Inquiring by Phone

地点：中国旅行社驻外分社营业部
Site: Chinese Travel Service, Overseas Branch
人物：杰克·乔治、黄先生
Characters: Jack George and Mr. Huang

会 话 1　　Dialogue 1

黄先生：喂！您好。我是中国旅行社。

Huáng xiānsheng: Wèi! Nín hǎo. Wǒ shì Zhōngguó Lǚxíngshè.

Mr. Huang: Hello! This is Chinese Travel Service.

乔　治：你好。我想去中国旅行。

Qiáozhì: Nǐ hǎo. Wǒ xiǎng qù Zhōngguó lǚxíng.

George: Hello, I'd like to go to China for a trip.

黄先生：您可以参加旅行团。

Huáng xiānsheng: Nín kěyǐ cānjiā lǚxíngtuán.

Mr. Huang: You can join a touring group.

乔　治：不，我要自己去。

Qiáozhì: Bù, wǒ yào zìjǐ qù.

George: No, I prefer to go by myself.

会　话 2　　　Dialogue 2

黄先生：我们这儿可以预订机票和房间。

Huáng xiānsheng: Wǒmen zhèr kěyǐ yùdìng jīpiào hé fángjiān.

Mr. Huang: We can make reservation for plane tickets and rooms.

乔　治：太好了。签证呢?

Qiáozhì: Tài hǎo le. Qiānzhèng ne?

George: Great, and what about the visa?

黄先生：也可以办。欢迎您来我们这儿。

Huáng xiānsheng: Yě kěyǐ bàn. Huānyíng nín lái wǒmen

zhèr.

Mr. Huang: We can manage also. We'd be glad to receive you here.

乔　治：谢谢您的帮助,我马上就来。

Qiáozhì: Xièxie nín de bāngzhù, wǒ mǎshàng jiù lái.

George: Thanks for your help, I'll come over right away.

生　词　　New Words

电话	n.	diànhuà	telephone
询问	v.	xúnwèn	inquire
喂	interj.	wèi	hello, hey
旅行社	n.	lǚxíngshè	travel agency
旅行	v.	lǚxíng	travel, tour
可以	aux.v.	kěyǐ	can, may
参加	v.	cānjiā	join, attend
旅行团	n.	lǚxíngtuán	touring group
自己	pron.	zìjǐ	oneself
帮助	v.	bāngzhù	help, assist

预订	v.	yùdìng	book, reserve
机票	n.	jīpiào	air ticket
房间	n.	fángjiān	room
签证	n.	qiānzhèng	visa
办	v.	bàn	handle, manage
马上	adv.	mǎshàng	at once, right away
欢迎	v	huānyíng	welcome

语法　Grammar

一、我想去中国旅行。
　　Wǒ xiǎng qù Zhōngguó lǚxíng.

"我想去中国旅行"是"S + V1 + V2 + O"的句式,由两个动词组成,是同一个主语,表示动作的先后,或后一动作补充说明前一动作。例如:

The sentence 我想去中国旅行 belongs to the sentence pattern of "S + V1 + V2 + O" in which two verbs share the same subject. This pattern indicates either the sequence of two actions or the first action complemented by the second one. For example:

1. 他拿起包出门了。
   Tā náqǐ bāo chū mén le.

2. 我想预订机票。
   Wǒ xiǎng yùdìng jīpiào.

二、我要自己去。
   Wǒ yào zìjǐ qù.

　　助动词"要"表示情理上需要,含有做某事的愿望比较强烈的意味。例如:

　　The auxiliary verb 要 means the sense of need, indicating a strong desire to do something. For example:

1. 我要去中国旅行。
   Wǒ yào qù Zhōngguó lǚxíng.

2. 我要办签证。
   Wǒ yào bàn qiānzhèng.

三、欢迎您来我们这儿。
   Huānyíng nín lái wǒmen zhèr.

　　"欢迎您来我们这儿"这种句子也有两个谓语(动词),前一个谓语(动词)的宾语兼作后一谓语的主语。这类句子的第一个动词多是"请、让、叫、欢迎、要、帮助、希望、鼓励"等等。例如:

The sentence 欢迎您来我们这儿 also contains two predicates (i.e. verbs) with the object of the first predicate being the subject of the second one. The verbs coming first in sentences of this sort are usually the ones like 请(ask), 让(let), 叫(let), 欢迎(welcome), 要(want), 帮助(help), 希望(hope), 鼓励(encourage), etc. For example:

1. 他要我参加你们的旅行团。
   Tā yào wǒ cānjiā nǐmen de lǚxíngtuán.
2. 乔治请旅行社办签证。
   Qiáozhì qǐng lǚxíngshè bàn qiānzhèng.

练 习　　Exercises

一、根据课文内容进行对话练习:
   Dialogue drills:

1. 请根据课文内容,充当角色 B 完成下列小对话:
   Complete the following short dialogues according to the text, playing the role of B:

   A: 您想去中国旅行吗?
      Nín xiǎng qù Zhōngguó lǚxíng ma?
   B: _____。

A：您可以参加旅行团。
　　Nín kěyǐ cānjiā lǚxíngtuán.

B：_____。

2．请根据课文内容，充当角色A完成下列小对话：
Complete the following short dialogues according to the text, playing the role of A:

B：你们这儿可以预订机票和房间吗？
　　Nǐmen zhèr kěyǐ yùdìng jīpiào hé fángjiān ma?

A：_____。

B：可以办签证吗？
　　Kěyǐ bàn qiānzhèng ma?

A：_____。

二、请找出正确的句子：
Choose a correct sentence from A, B and C:

1.
　　A．我想中国去旅行。　☐
　　　　Wǒ xiǎng Zhōngguó qù lǚxíng.

　　B．我想去中国旅行。　☐

Wǒ xiǎng qù Zhōngguó lǚxíng.

C. 我想中国旅行去。☐
Wǒ xiǎng Zhōngguó lǚxíng qù.

2.

A. 我办要签证。☐
Wǒ bàn yào qiānzhèng.

B. 我要办签证。☐
Wǒ yào bàn qiānzhèng.

C. 我办签证要。☐
Wǒ bàn qiānzhèng yào.

3.

A. 你欢迎参加我们的旅行团。☐
Nǐ huānyíng cānjiā wǒmen de lǚxíngtuán.

B. 欢迎你我们的旅行团参加。☐
Huānyíng nǐ wǒmen de lǚxíngtuán cānjiā.

C. 欢迎你参加我们的旅行团。☐
Huānyíng nǐ cānjiā wǒmen de lǚxíngtuán.

答 案　　Key to Exercises

一、

1.
   B：我想去中国旅行。
   Wǒ xiǎng qù Zhōngguó lǚxíng.

   B：不，我不参加旅行团。
   Bù, wǒ bù cānjiā lǚxíngtuán.

2.
   A：可以预订机票和房间。
   Kěyǐ yùdìng jīpiào hé fángjiān.

   A：可以办签证。
   Kěyǐ bàn qiānzhèng.

二、
   1. B
   2. B
   3. C

第二课 决定旅行路线

Lesson 2　Deciding Tour Route

地点：中国旅行社驻外分社营业部
Site: Chinese Travel Service, Overseas Branch
人物：杰克·乔治、黄先生
Characters: Jack George and Mr. Huang

会　话 1　　Dialogue 1

乔　治：您好，我是杰克·乔治。我想自己去中国。

Qiáozhì: Nín hǎo, wǒ shì Jiékè Qiáozhì. Wǒ xiǎng zìjǐ qù Zhōngguó.

George: Hello, my name's Jack George. I'd like to go to China by myself.

黄先生：您好。您想去哪儿呢？

Huáng xiānsheng: Nín hǎo. Nín xiǎng qù nǎr ne?

Mr. Huang: Hello. Where do you want to go then?

乔　治：想看风景好又有名的地方。

Qiáozhì: Xiǎng kàn fēngjǐng hǎo yòu yǒumíng de dìfang.

George: I want to visit some scenic and famous places.

黄先生：您可以去苏州、杭州一带看看。

Huáng xiānsheng: Nín kěyǐ qù Sūzhōu、Hángzhōu yídài kànkan.

Mr. Huang: You can go around Suzhou and Hangzhou.

会　话 2　　Dialogue 2

乔　治：我还想去北京。

Qiáozhì: Wǒ hái xiǎng qù Běijīng.

George: I also want to go to Beijing.

黄先生：北京是首都，又有很多古迹。

Huáng xiānsheng: Běijīng shì shǒudū, yòu yǒu hěnduō gǔjì.

Mr. Huang: Beijing is the capital city, and there are a lot of historic sites there.

乔　治：我有一个月的假期，可以多看一些地方。

Qiáozhì: Wǒ yǒu yí ge yuè de jiàqī, kěyǐ duō kàn yìxiē dìfang.

George: I have one month for vacation, so I can visit some more places.

黄先生：那您可以从上海入境，从北京出境。

Huáng xiānsheng: Nà nín kěyǐ cóng Shànghǎi rùjìng, cóng Běijīng chūjìng.

Mr. Huang: Then you can start from Shanghai, and end at Beijing.

生　词　　New Words

决定	v.	juédìng	decide
路线	n.	lùxiàn	route
看	v	kàn	look, see
风景	n.	fēngjǐng	scenery
又	adv.	yòu	again
有名	adj.	yǒumíng	famous
地方	n.	dìfang	place

一带	n.	yídài	the area around a particular place
首都	n.	shǒudū	capital city
古迹	n.	gǔjì	historic site
有	v.	yǒu	have
假期	n.	jiàqī	holiday, vacation
从	prep.	cóng	from
入境	v.	rùjìng	enter the country
出境	v.	chūjìng	leave the country

专　名　　Porper Nouns

苏州	Sūzhōu	Suzhou
杭州	Hángzhōu	Hangzhou
北京	Běijīng	Beijing
上海	Shànghǎi	Shanghai

语　法　　Grammar

一、想看风景好又有名的地方。

Xiǎng kàn fēngjǐng hǎo yòu yǒumíng de dìfang.

副词"又"在这儿表示几种情况或性质同时存在,可以单用,也可以连用。例如:

The adverb 又 herein indicates several situations or qualities existing simultaneously, and it can be used once or twice in a sentence. For example:

1. 这儿又可以预订机票,又可以预订房间。
   Zhèr yòu kěyǐ yùdìng jīpiào, yòu kěyǐ yùdìng fángjiān.
2. 这件衣服又合身又漂亮。
   Zhè jiàn yīfu yòu héshēn yòu piàoliang.

二、可以去苏州、杭州一带看看。
Kěyǐ qù Sūzhōu、Hángzhōu yídài kànkan.

"可以去苏州、杭州一带看看"是个动词重叠使用的句子。在汉语中,许多动词可以重叠使用,含有动作短暂、尝试或随意的意思。如果重叠的动词是单音节的,中间可以有数字"一"。例如:

The sentence 可以去苏州、杭州一带看看 is a sentence in which the verb 看 is reduplicated. In Chinese, many verbs can be used in reduplication to indicate brief, tentative or casual actions. When the verbs are single syllable words, a numeral 一 can be inserted in between. For example:

1. 你想想,去哪儿旅行好?
   Nǐ xiǎngxiang, qù nǎr lǚxíng hǎo?

2. 请你等一等。
   Qǐng nǐ děng yì děng.

三、那您可以从上海入境。
Nà nín kěyǐ cóng Shànghǎi rùjìng.

介词"从"跟其他名词或词组结合成介词结构,用在动词前边,表示动作或时间的起点,也可以表示经过或处所的意思。例如:

Followed by a noun or phrase, the preposition 从 forms a prepositional structure which is used before a verb to indicate the starting point of an action or a period of time. It can also mean a process or a location. For example:

1. 他从七点到八点一直在写作业。
   Tā cóng qī diǎn dào bā diǎn yìzhí zài xiě zuòyè.

2. 我们要从北京出境。
   Wǒmen yào cóng Běijīng chūjìng.

3. 他从中国来。
   Tā cóng Zhōngguó lái.

练习　Exercises

一、根据课文内容进行对话练习：
Dialogue drills：

1. 请根据课文内容，充当角色 B 完成下列小对话：
Complete the following short dialogues according to the text, playing the role of B：

　　A：你想去什么地方？
　　　Nǐ xiǎng qù shénme dìfang?

　　B：_____。

　　A：哪儿风景好又有名？
　　　Nǎr fēngjǐng hǎo yòu yǒumíng?

　　B：_____。

2. 请根据课文内容，充当角色 A 完成下列小对话：
Complete the following short dialogues according to the text, playing the role of A：

　　B：你还想去哪儿？
　　　Nǐ hái xiǎng qù nǎr?

A: ＿＿＿＿＿＿＿＿＿＿＿＿＿＿。

　　B: 你想从哪儿入境，从哪儿出境？
　　　 Nǐ xiǎng cóng nǎr rùjìng, cóng nǎr chūjìng?

　　A: ＿＿＿＿＿＿＿＿＿＿＿＿＿＿。

二、请找出正确的句子：
　　Choose a correct sentence from A, B, and C:

1.
　　A. 想看又风景好有名的地方。　□
　　　 Xiǎng kàn yòu fēngjǐng hǎo yǒumíng de dìfang.

　　B. 想看风景好又有名的地方。　□
　　　 Xiǎng kàn fēngjǐng hǎo yòu yǒumíng de dìfang.

　　C. 想又看风景好又有名的地方。□
　　　 Xiǎng yòu kàn fēngjǐng hǎo yòu yǒumíng de dìfang.

2.
　　A. 去苏州、杭州一带看看。　□
　　　 Qù Sūzhōu、Hángzhōu yídài kànkan.

　　B. 去去看苏州、杭州一带。　□
　　　 Qùqu kàn Sūzhōu、Hángzhōu yídài.

　　C. 看看去苏州、杭州一带。　□
　　　 Kànkan qù Sūzhōu、Hángzhōu yídài.

3.

 A. 您从上海入境可以。☐

  Nín cóng Shànghǎi rùjìng kěyǐ.

 B. 您入境可以从上海。☐

  Nín rùjìng kěyǐ cóng Shànghǎi.

 C. 您可以从上海入境。☐

  Nín kěyǐ cóng Shànghǎi rùjìng.

答 案　　Key to Exercises

一、

1.

 B: 我想去风景好又有名的地方。

  Wǒ xiǎng qù fēngjǐng hǎo yòu yǒumíng de dìfang.

 B: 苏州、杭州一带。

  Sūzhōu、Hángzhōu yídài.

2.

 A: 我还想去北京。

  Wǒ hái xiǎng qù Běijīng.

 A: 我想从上海入境,从北京出境。

  Wǒ xiǎng cóng Shànghǎi rùjìng, cóng Běijīng chūjìng.

二、
1. B
2. A
3. C

第三课 委托办手续

Lesson 3   Entrustment of Tour Arrangement

地点：中国旅行社驻外分社营业部
Site: Chinese Travel Service, Overseas Branch
人物：杰克·乔治、黄先生
Characters: Jack George and Mr. Huang

会 话 1   Dialogue 1

黄先生：乔治先生，您决定了没有？

Huáng xiānsheng: Qiáozhì xiānsheng, nín juédìngle méiyǒu?

Mr. Huang: Have you made up your mind, Mr. George?

乔　治：你叫我杰克好了。我决定从上海入境。

Qiáozhì: Nǐ jiào wǒ Jiékè hǎole. Wǒ juédìng cóng Shànghǎi rùjìng.

George: Just call me Jack.. I've decided to enter from Shanghai.

黄先生：杰克，您到中国以后，可以找一个导游。

Huáng xiānsheng: Jiékè, nín dào Zhōngguó yǐhòu, kěyǐ zhǎo yí ge dǎoyóu.

Mr. Huang: Jack, you can hire a guide after you arrive in China.

乔　治：这倒是个好主意。

Qiáozhì: Zhè dào shì ge hǎo zhǔyi.

George: That's really a good idea.

会 话 2　　　Dialogue 2

乔　治：旅行的手续我都委托你们了。

Qiáozhì: Lǚxíng de shǒuxù wǒ dōu wěituō nǐmen le.

George: I'll leave to you all of the trip procedure.

黄先生：您放心吧，我们一定办好。

Huáng xiānsheng: Nín fàngxīn ba, wǒmen yídìng bànhǎo.

Mr. Huang: Don't worry, we'll settle everything.

乔　治：要多少手续费？

Qiáozhì：Yào duōshǎo shǒuxù fèi?

George：How much is the service charge?

黄先生：一共是80美元。

Huáng xiānsheng：Yígòng shì bāshí Měiyuán.

Mr. Huang：Totally US＄80.

生　词　　New Words

委托	v.	wěituō	entrust
手续	n.	shǒuxù	procedure
以后	n.	yǐhòu	after
找	v.	zhǎo	look for
导游	n.	dǎoyóu	guide
主意	n.	zhǔyi	idea
放心	v.	fàngxīn	rest assured
多少	pron.	duōshǎo	how much, how many
手续费	n.	shǒuxù fèi	service charges

| 一共 | adv. | yígòng | altogether, totally |
| 美元 | n. | Měiyuán | US dollar |

语 法　　Grammar

一、您决定了没有？
　　Nín juédìngle méiyǒu?

"动词/形容词＋了＋没有",副词"没有"可以用于提问,不作推测。例如：

In the sentence pattern 动词/形容词＋了＋没有, the adverb 没有 may be used to ask a question, and the questioner has no intention to guess at the answer. For example：

1. 你去旅行社了没有？
   Nǐ qù lǚxíngshè le méiyǒu?

2. 手续办了没有？
   Shǒuxù bànle méiyǒu?

二、你叫我杰克好了。
　　Nǐ jiào wǒ Jiékè hǎole.

"好了"是语气助词,意思是"可以"、"行",用在句尾。例如：

好了 is an auxiliary phrase of mood, which indicates the tone of permission, and it should be put at the end of sentences. For example:

1. 你明天来好了。
   Nǐ míngtiān lái hǎole.

2. 手续委托旅行社好了。
   Shǒuxù wěituō lǚxíngshè hǎole.

三、这倒是个好主意。
   Zhè dào shì ge hǎo zhǔyi.

副词"倒"表示出乎意料。例如：

The adverb 倒 means something unexpected. For example:

1. 这么容易,他倒不会了。
   Zhème róngyì, tā dào bú huì le.

2. 说得快,他倒听得懂了。
   Shuō de kuài, tā dào tīng de dǒng le.

练 习　　Exercises

一、根据课文内容进行对话练习：

Dialogue drills:

1. 请根据课文内容，充当角色 B 完成下列小对话：
Complete the following short dialogues according to the text, playing the role of B:

   A: 您决定从哪儿入境？
   Nín juédìng cóng nǎr rùjìng?

   B: _____。

   A: 您到中国以后，可以找一个导游。
   Nín dào Zhōngguó yǐhòu, kěyǐ zhǎo yí ge dǎoyóu.

   B: _____。

2. 请根据课文内容，充当角色 A 完成下列小对话：
Complete the following short dialogues according to the text, playing the role of A:

   B: 旅行的手续可以委托你们办吗？
   Lǚxíng de shǒuxù kěyǐ wěituō nǐmen bàn ma?

   A: _____。

   B: 要多少手续费？
   Yào duōshǎo shǒuxù fèi?

A: _____。

二、请找出正确的句子：
Choose a correct sentence from A, B, and C:

1.
    A. 您没有决定了？ ☐
    Nín méiyǒu juédìng le?

    B. 您决定没有了？ ☐
    Nín juédìng méiyǒu le?

    C. 您决定了没有？ ☐
    Nín juédìngle méiyǒu?

2.
    A. 你叫乔治我好了。 ☐
    Nǐ jiào Qiáozhì wǒ hǎole.

    B. 你叫我乔治好了。 ☐
    Nǐ jiào wǒ Qiáozhì hǎole.

    C. 你叫我好了乔治。 ☐
    Nǐ jiào wǒ hǎole Qiáozhì.

3.
    A. 倒这是个好主意。 ☐
    Dào zhè shì ge hǎo zhǔyi.

B. 这是个倒好主意。☐

　　Zhè shì ge dào hǎo zhǔyi.

C. 这倒是个好主意。☐

　　Zhè dào shì ge hǎo zhǔyi.

答　案　Key to Exercises

一、

1.

B：我决定从上海入境。

　　Wǒ juédìng cóng Shànghǎi rùjìng.

B：这倒是个好主意。

　　Zhè dào shì ge hǎo zhǔyi.

2.

A：您放心吧，我们一定办好。

　　Nín fàngxīn ba, wǒmen yídìng bànhǎo.

A：一共是 80 美元。

　　Yígòng shì bāshí Měiyuán.

二、

1. C

2. B

3. C

第四课 在飞机上

Lesson 4 On the Plane

地点：在中国民航飞机上
Site: On the plane of Air China
人物：杰克·乔治、航空小姐
Characters: Jack George and the stewardess

会 话 1   Dialogue 1

空 姐：先生，请系好安全带。

Kōngjiě: Xiānsheng, qǐng jì hǎo ānquándài.

Stewardess: Sir, fasten you seat belt please.

乔 治：谢谢。能给我点儿喝的吗？

Qiáozhì: Xièxie. Néng gěi wǒ diǎnr hē de ma?

Geore: Thanks. Could you give me something to drink?

空　姐：当然。要饮料还是要茶？

Kōngjiě: Dāngrán. Yào yǐnliào háishi yào chá?

Stewardess: Sure. Would you like drinks or tea?

乔　治：要杯可乐吧。

Qiáozhì: Yào bēi kělè ba.

George: A glass of coke, please.

会　话 2　　Dialogue 2

乔　治：小姐，我们几点到上海？

Qiáozhì: Xiǎojiě, wǒmen jǐ diǎn dào Shànghǎi?

George: Miss, when are we supposed to arrive in Shanghai?

空　姐：飞机飞12个小时，明天早上8点到。

Kōngjiě: Fēijī fēi shí'èr ge xiǎoshí, míngtiān zǎoshang bā diǎn dào.

Stewardess: The plane will fly for 12 hours, so we are going to arrive there at eight tomorrow morning.

乔　治：有几个小时时差？

Qiáozhì: Yǒu jǐ ge xiǎoshí shíchā?

George: What is the time difference?

空　姐：12个小时时差。

Kōngjiě: Shí'èr ge xiǎoshí shíchā.

Stewardess: Twelve hours.

生　词　　New Words

飞机	n.	fēijī	plane
系	v.	jì	fasten
安全带	n.	ānquándài	seat belt
给	v.	gěi	give
饮料	n.	yǐnliào	drink
茶	n.	chá	tea
杯	m.w.	bēi	glass
可乐	n.	kělè	coke
几	num.	jǐ	how many
点	n.	diǎn	o'clock
飞	v.	fēi	fly
小时	n.	xiǎoshí	hour

明天	n.	míngtiān	tomorrow
早上	n.	zǎoshang	morning
到	v.	dào	arrive
时差	n.	shíchā	time difference

语法　　Grammar

一、能给我点儿喝的吗？
　　Néng gěi wǒ diǎnr hē de ma?

　　"能"表示情理上或客观上的许可，多用于疑问句。"能……吗？"是一种请求别人的语气。例如：

　　The word 能 means an objective or a reasonable permission, and it is usually used in interrogative sentences. 能…吗 expresses the tone of request. For example：

1. 您能教我汉语吗？
　 Nín néng jiāo wǒ Hànyǔ ma?

2. 您能帮我一下吗？
　 Nín néng bāng wǒ yí xià ma?

二、要饮料还是要茶？
　　Yào yǐnliào háishì yào chá?

这是选择疑问句,用连词"还是"连接两种可能的答案,由回答的人选择其中的一个。例如:

This is an alternative question. The conjunction 还是 connects two probable answers, either of which is to be chosen by the respondent. For example:

1. 您想去上海还是去北京?
   Nín xiǎng qù Shànghǎi háishì qù Běijīng?

2. 您要鸡肉饭还是要鱼肉饭?
   Nín yào jīròu fàn háishì yào yúròu fàn?

三、飞机飞12个小时。
   Fēijī fēi shí'èr ge xiǎoshí.

动词后面带的数量词组是"时量补语",表示动作行为经历和持续的时间。形式是:中心语(动词)+时量补语(数词+名量词)。

A verb followed by a numeral-classfier compound describing a period of time is called time-measurement complement, which indicates the process and continuance of an action. The structure is as follows: main word (i.e. verb) + time-measurement complement (numeral + measurement noun).

动词后有宾语又有时量补语时,一般要重复动词,时

量补语放在重复的动词后。形式是:"动词+宾语+动词+时量补语"。例如:

Usually the verb should be repeated if followed by an object. In this case, the sentence pattern will be verb + object + verb + time-measurement complement. For example:

我买票买了半天。
Wǒ mǎi piào mǎile bàntiān.

也可不重复动词,而把宾语放在时量补语后边,即"动词+时间数量词组+宾语"。"的"可以说可以不说。例如:

However, it is feasible that the verb be used once. In that case, the object is put after the time-measurement complement (i.e. verb + time and numeral-classified phrase + object). The word 的 is dispensable. For example:

我坐了12个小时(的)飞机。
Wǒ zuòle shí'èr ge xiǎoshí (de) fēijī.

练习　　Exercises

一、根据课文内容进行对话练习:

Dialogue drills:

1. 请根据课文内容,充当角色 B 完成下列小对话:
Complete the following short dialogues according to the text, playing the role of B:

A: 先生,您有什么事?
Xiānsheng, nín yǒu shénme shì?

B: _____。

A: 您要饮料还是要茶?
Nín yào yǐnliào háishi yào chá?

B: _____。

2. 请根据课文内容,充当角色 A 完成下列小对话:
Complete the following short dialogues according to the text, playing the role of A:

B: 小姐,我们几点到上海?
Xiǎojiě, wǒmen jǐ diǎn dào Shànghǎi?

A: _____。

B: 有几个小时时差?
Yǒu jǐ ge xiǎoshí shíchā?

A: _____。

二、请找出正确的句子：
Choose a correct sentence from A, B, and C:

1.
   A. 能我给一杯水吗？ ☐
      Néng wǒ gěi yì bēi shuǐ ma?

   B. 我能给一杯水吗？ ☐
      Wǒ néng gěi yì bēi shuǐ ma?

   C. 能给我一杯水吗？ ☐
      Néng gěi wǒ yì bēi shuǐ ma?

2.
   A. 饮料要还是茶要？ ☐
      Yǐnliào yào háishì chá yào?

   B. 要饮料还是要茶？ ☐
      Yào yǐnliào háishì yào chá?

   C. 要饮料还要茶？ ☐
      Yào yǐnliào hái yào chá?

3.
   A. 飞机12个小时飞。 ☐
      Fēijī shí'èr ge xiǎoshí fēi.

B. 飞机 12 个小时。　☐
   Fēijī shí'èr ge xiǎoshí.

C. 飞机飞 12 个小时。　☐
   Fēijī fēi shí'èr ge xiǎoshí.

答 案　　Key to Exercises

一、

1.
   B：能给我一杯水吗？
   Néng gěi wǒ yì bēi shuǐ ma?

   B：要杯可乐吧。
   Yào bēi kělè ba.

2.
   A：明天早上 8 点到。
   Míngtiān zǎoshang bā diǎn dào.

   A：12 个小时时差。
   Shí'èr ge xiǎoshí shíchā.

二、

   1. ☐ C
   2. ☐ B
   3. ☐ C

第五课 入境手续

Lesson 5 Entry Formalities

地点：上海浦东机场入境大厅、海关
Site: Entrance Hall, Pudong Airport, Shanghai
人物：杰克·乔治、边防官员、海关官员
Character: George, Immigration Inspector, Custom Officer

会话 1   Dialogue 1

（乔治走向入境检查处）
(George is going to the Immigration Control)

边防官员：先生，您的入境登记卡呢？
Biānfáng guānyuán: Xiānsheng, nín de rùjìng dēngjìkǎ ne?
Immigration Inspector: Your entrance registration, please.

乔　治：对不起，我忘在飞机上了。
Qiáozhì: Duì bu qǐ, wǒ wàng zài fēijī shàng le.

George: I'm sorry, I left it in the plane.

边防官员：请您再填一张吧。

Biānfáng guānyuán: Qǐng nín zài tián yì zhāng ba.

Immigration Inspector: Then fill in another one, please.

乔　治：好的。

Qiáozhì: Hǎo de.

George: OK.

会　话 2　　　　Dialogue 2

（入境后取完行李，过海关）
(Passing the Custom after getting the luggage)

乔　治：先生，我的相机、摄像机要申报吗？

Qiáozhì: Xiānsheng, wǒ de xiàngjī、shèxiàngjī yào shēnbào ma?

George: Shall I declare my camera and video camera, sir?

海关官员：您的相机不用申报，摄像机要申报。

Hǎiguān guānyuán: Nín de xiàngjī bú yòng shēnbào,

shèxiàngjī yào shēnbào.

Custom Officer: You needn't declare you camera, but you have to declare you video camera.

乔　治：申报单是这样填吗？

Qiáozhì: Shēnbàodān shì zhèyàng tián ma?

George: Shall I fill in the declaring sheet this way?

海关官员：是的，申报单一定要保存好。

Hǎiguān guānyuán: Shì de, shēnbàodān yídìng yào bǎocún hǎo.

Custom Officer: Yes it is. You must keep it properly.

生　词　　New Words

登记卡	n.	dēngjìkǎ	registration card
对不起		duì bu qǐ	sorry
忘	v.	wàng	forget
再	adv.	zài	again
填	v.	tián	fill in
张	m.w.	zhāng	piece

相机	n.	xiàngjī	camera
摄像机	n.	shèxiàngjī	video camera
申报	v.	shēnbào	declare
不用		bú yòng	needn't
申报单	n.	shēnbàodān	declaring sheet
这样	pron.	zhèyàng	like this
一定	adv.	yídìng	must
保存	v.	bǎocún	keep
好	adj.	hǎo	fine, O.K.

语 法　Grammar

一、对不起,我忘在飞机上了。
　　Duì bu qǐ, wǒ wàng zài fēijī shàng le.

　　"在"用在动词的后边,表示人或事物通过某种动作到达某处或留在某处,作结果补语。"在"后面常带表示处所的宾语。例如:

　　The preposition 在 follows a verb as its complement, which shows the consequence of the action. It describes that somebody or something gets to or stays at some places through a certain action. The preposition 在 is usually followed by an object which shows location. For example:

1. 我们坐在教室里。
   Wǒmen zuò zài jiàoshì lǐ.

2. 他住在上海。
   Tā zhù zài Shànghǎi.

二、请您再填一张吧。
   Qǐng nín zài tián yì zhāng ba.

副词"再"表示一个动作或一种状态的重复。多指未实现的或经常性的动作。用在动词前。例如：

The adverb 再 used before a verb indicates the duplication of a certain action or state, which is of high frequency or has not been actualized. For example:

1. 去过了还可以再去。
   Qùguole hái kěyǐ zài qù.

2. 欢迎您下一次再来。
   Huānyíng nín xià yí cì zài lái.

三、申报单一定要保存好。
   Shēnbàodān yídìng yào bǎocún hǎo.

形容词"好"用在动词后边，说明动作已经完成或达到完善的地步。例如：

The adjective 好 follows a verb to indicate the extent of completion or perfectibility of the action. For example：

1. 我一定要学好汉语。
    Wǒ yídìng yào xué hǎo Hànyǔ.

2. 手续已经办好了。
    Shǒuxù yǐjing bàn hǎo le.

练 习　　Exercises

一、根据课文内容进行对话练习：
   Dialogue drills：

1. 请根据课文内容，充当角色 B 完成下列小对话：
Complete the following short dialogues according to the text, playing the role of B：

A：先生，您的入境登记卡呢？
    Xiānsheng, nín de rùjìng dēngjìkǎ ne?

B：_____。

A：请您再填一张吧。
    Qǐng nín zài tián yì zhāng ba.

B: _____。

2. 请根据课文内容,充当角色 A 完成下列小对话:

Complete the following short dialogues according to the text, playing the role of A:

B: 先生,我的相机、摄像机要申报吗?
Xiānsheng, wǒ de xiàngjī、shèxiàngjī yào shēnbào ma?

A: _____。

B: 申报单是这样填吗?
Shēnbàodān shì zhèyàng tián ma?

A: _____。

二、请找出正确的句子:

Choose a correct sentence from A, B, and C:

1.
 A. 对不起,我在飞机上忘了。☐
    Duì bu qǐ, wǒ zài fēijī shang wàng le.

 B. 对不起,在飞机上我忘了。☐
    Duì bu qǐ, zài fēijī shang wǒ wàng le.

 C. 对不起,我忘在飞机上了。☐

Duì bu qǐ, wǒ wàng zài fēijī shang le.

2.

    A. 请再您填一张吧。☐

    Qǐng zài nín tián yì zhāng ba.

    B. 请您再填一张吧。☐

    Qǐng nín zài tián yì zhāng ba.

    C. 请您填再一张吧。☐

    Qǐng nín tián zài yì zhāng ba.

3.

    A. 申报单一定要好保存。☐

    Shēnbàodān yídìng yào hǎo bǎocún.

    B. 要申报单一定保存好。☐

    Yào shēnbàodān yídìng bǎocún hǎo.

    C. 申报单一定要保存好。☐

    Shēnbàodān yídìng yào bǎocún hǎo.

答 案　　Key to Exercises

一、

1.

    B: 对不起,我忘在飞机上了。

Duì bu qǐ, wǒ wàng zài fēijī shàng le.

B：好的。
Hǎo de.

2.

A：您的相机不用申报,摄像机要申报。
Nín de xiàngjī bú yòng shēnbào, shèxiàngjī yào shēnbào.

A：是的,申报单一定要保存好。
Shì de, shēnbàodān yídìng yào bǎocún hǎo.

二、

1. C
2. B
3. C

第六课 接机

Lesson 6　Meeting at the Airport

地点：上海浦东机场旅客出口处
Site: Exit of Pudong Airport
人物：杰克·乔治、中国旅行社上海分社李小姐
Characters: Jack George and Miss Li from Shanghai Branch of CTS

会话1　　Dialogue 1

乔　治：小姐，我是乔治，从美国来。

Qiáozhì: Xiǎojiě, wǒ shì Qiáozhì, cóng Měiguó lái.

George: My name's George, Miss. I came from the USA.

李小姐：您好！一路上辛苦了。

Lǐ xiǎojiě: Nín hǎo! Yílùshang xīnkǔ le.

Miss Li: How are you? You must be tired all the way.

乔 治：你举着我的名字，我一眼就看到了。

Qiáozhì: Nǐ jǔzhe wǒ de míngzi, wǒ yìyǎn jiù kàndào le.

George: I can see you at a glance because you are holding the plate with my name on it.

李小姐：我是旅行社的李燕，叫我小李好了。

Lǐ xiǎojiě: Wǒ shì lǚxíngshè de Lǐ Yàn, jiào wǒ Xiǎo Lǐ hǎole.

Miss Li: I'm Li Yan from the travel agency. You can call me Little Li.

会 话 2　　Dialogue 2

李小姐：乔治先生，请在这儿等一下，我们的车马上就来。

Lǐ xiǎojiě: Qiáozhì xiānsheng, qǐng zài zhèr děng yíxià, wǒmen de chē mǎshàng jiù lái.

Miss Li: Mr. George, could you wait here for a moment, please? Our limousine will come soon.

乔 治：机场离宾馆远吗？

Qiáozhì: Jīchǎng lí bīnguǎn yuǎn ma?

George: Is the hotel far from here?

李小姐：比较远,我们去锦江饭店,是五星级的。

Lǐ xiǎojiě: Bǐjiào yuǎn, wǒmen qù Jǐnjiāng Fàndiàn, shì wǔxīng jí de.

Miss Li: Yes, a little bit. We are going to Jinjiang Hotel. It's a five-star hotel.

乔　治：住五星级饭店,太高级了!

Qiáozhì: Zhù wǔxīng jí fàndiàn, tài gāojí le!

George: Staying at a five-star hotel, that's really deluxe!

生　词　　New Words

接	v.	jiē	meet, pick up
一路上		yílùshang	all the way
辛苦	adj.	xīnkǔ	tired
举	v.	jǔ	hold
一眼		yìyǎn	at a glance
就	adv	jiù	just
等	v.	děng	wait
一下		yí xià	a moment

车	n	chē	car, bus
机场	n.	jīchǎng	airport
离	v.	lí	away
宾馆	n.	bīnguǎn	hotel
比较	adv.	bǐjiào	a little bit
远	adj.	yuǎn	far
五星级		wǔxīng jí	five-star class
住	v.	zhù	live, stay
饭店	n.	fàndiàn	hotel
太……了		tài……le	it's really…
高级	adj.	gāojí	deluxe

专名　Proper Nouns

锦江饭店	Jǐnjiāng Fàndiàn	Jinjiang Hotel
李燕	Lǐ Yàn	(name of a person)

语法　Grammar

一、你举着我的名字,我一眼就看到了。

Nǐ juzhe wǒ de míngzi, wǒ yìyǎn jiù kàndào le.

动词后边加动态助词"着",表示一个动作或动作结果的状态在持续,基本格式是:主语+谓语(动词)+着+宾语。例如:

The verb followed by an operative auxiliary 着 indicates the continuance of an action or the result caused by an action. The basic pattern is: subject + predicate (verb) + 着 + object. For example:

1. 他在门口站着。
   Tā zài ménkǒu zhànzhe.

2. 昨天这里停着很多车。
   Zuótiān zhèlǐ tíngzhe hěn duō chē.

二、机场离宾馆远吗?
   Jīchǎng lí bīnguǎn yuǎn ma?

动词"离"用在两个处所名词之间,表示两地之间的距离,形式是:A 离 B + 距离/形容词。例如:

The verb 离 is put between two location nouns, which indicates the distance between them. The basic pattern is: A 离 B + distance/adjective. For example:

1. 天津离北京 120 多公里。

Tiānjīn lí Běijīng yìbǎi èrshí duō gōnglǐ.

2. 我家离旅行社不太远。
Wǒ jiā lí lǚxíngshè bú tài yuǎn.

三、住五星级饭店,太高级了!
Zhù wǔxīng jí fàndiàn, tài gāojí le!

"太+形容词+了"表示对事情的惊讶、喜欢、称赞等感情。例如:

The structure 太+形容词+了 expresses the feeling of amazement, appreciation or praise. For example:

1. 能见到你,我太高兴了!
Néng jiàndào nǐ, wǒ tài gāoxìng le!

2. 这次旅行太有意思了!
Zhè cì lǚxíng tài yǒu yìsi le!

练习　　Exercises

一、根据课文内容进行对话练习:
Dialogue drills:

1. 请根据课文内容,充当角色B完成下列小对话:

Complete the following short dialogues according to the text, playing the role of B:

A：我是乔治，从美国来。
Wǒ shì Qiáozhì, cóng Měiguó lái.

B：_____。

A：您是导游小姐吧？
Nín shì dǎoyóu xiǎojiě ba?

B：_____。

2．请根据课文内容，充当角色 A 完成下列小对话：
Complete the following short dialogues according to the text, playing the role of A:

B：机场离宾馆远吗？
Jīchǎng lí bīnguǎn yuǎn ma?

A：_____。

B：我们住的饭店怎么样？
Wǒmen zhù de fàndiàn zěnmeyàng?

A：_____。

二、请找出正确的句子：

Choose a correct sentence from A, B, and C:

1.
   A. 你举我着的名字,我一眼就看到了。 ☐
   Nǐ jǔ wǒ zhe de míngzi, wǒ yìyǎn jiù kàndào le.

   B. 你举我的名字着,我一眼就看到了。 ☐
   Nǐ jǔ wǒ de míngzi zhe, wǒ yìyǎn jiù kàndào le.

   C. 你举着我的名字,我一眼就看到了。 ☐
   Nǐ jǔzhe wǒ de míngzi, wǒ yìyǎn jiù kàndào le.

2.
   A. 离机场宾馆远吗? ☐
   Lí jīchǎng bīnguǎn yuǎn ma?

   B. 机场离宾馆远吗? ☐
   Jīchǎng lí bīnguǎn yuǎn ma?

   C. 机场宾馆离远吗? ☐
   Jīchǎng bīnguǎn lí yuǎn ma?

3.
   A. 住五星级饭店,高级! ☐
   Zhù wǔxīng jí fàndiàn, gāojí!

   B. 住五星级饭店,高级太了! ☐
   Zhù wǔxīng jí fàndiàn, gāojí tài le!

C. 住五星级饭店，太高级了！

Zhù wǔxīng jí fàndiàn, tài gāojí le!

答案　Key to Exercises

一、

1.
B：乔治先生，您好！一路上辛苦了。

Qiáozhì xiānsheng, nín hǎo! Yílùshang xīnkǔ le.

B：我是旅行社的李燕，叫我小李好了。

Wǒ shì lǚxíngshè de Lǐ Yàn, jiào wǒ Xiǎo Lǐ hǎole.

2.
A：比较远，要坐车去。

Bǐjiào yuǎn, yào zuò chē qù.

A：我们住锦江饭店，是五星级的。

Wǒmen zhù Jǐnjiāng Fàndiàn, shì wǔxīng jí de.

二、

1. C

2. B

3. C

第七课 住饭店

Lesson 7 Checking in at the Hotel

地点：上海锦江饭店服务台前
Site: Front desk of Jinjiang Hotel
人物：杰克·乔治、饭店服务员
Characters: Jack George and the waitress

会 话 1   Dialogue 1

乔 治：小姐，我要一个房间。

Qiáozhì: Xiǎojiě, wǒ yào yí ge fángjiān.

George: Miss, I'd like to have a room, please.

服务员：先生，您预订了吗？

Fúwùyuán: Xiānsheng, nín yùdìngle ma?

Waitress: Have you made the reservation, Sir?

乔　治：上个星期在美国预订的。

Qiáozhì: Shàng ge xīngqī zài Měiguó yùdìng de.

George: Yes, I booked it in the States last week.

服务员：我查一下儿电脑。

Fúwùyuán: Wǒ chá yí xiàr diànnǎo.

Waitress: Let me check the computer.

会　话 2　　　Dialogue 2

服务员：您预订了一个标准间。

Fúwùyuán: Nín yùdìngle yí ge biāozhǔnjiān.

Waitress: OK, You've booked a standard room.

乔　治：可不可以换一个单人间？

Qiáozhì: Kě bù kěyǐ huàn yí ge dānrénjiān?

George: May I change to a single-bed room?

服务员：可以。您的房间是1818。

Fúwùyuán: Kěyǐ. Nín de fángjiān shì yāo bā yāo bā.

Waitress: Certainly. Your room number is 1818.

乔　治：谢谢，我喜欢这个数字。

Qiáozhì: Xièxie, wǒ xǐhuan zhège shùzì.

George: Thank you. I like this number.

生　词　　New Words

服务	v.	fúwù	serve
服务台	n.	fúwùtái	information desk
您	pron.	nín	(honorific form of) you
上	adj.	shàng	last
星期	n.	xīngqī	week
电脑	n.	diànnǎo	computer
个	m.w.	gè	piece
标准间	n.	biāozhǔnjiān	standard room
换	v.	huàn	change
单人间	n.	dānrénjiān	single-bed room
喜欢	v.	xǐhuan	like
数字	n.	shùzì	number
查	v.	chá	check

57

语法　　Grammar

一、我(是)上个星期在美国预订的。
　　Wǒ (shì) shàng ge xīngqī zài Měiguó yùdìng de.

"(是)……的"表示动作已经发生,可以用来说明动作发生的时间、地点、方式等。"是"在肯定句中可以省略,在否定句中不能省略。例如:

The structure (是)...的 means that the action has already happened. It can be used to describe when, where and how the action happened. The word 是 can be omitted in affirmative sentences, but not in negative sentence. For example:

1. 我是两天前从美国来的。
　　Wǒ shì liǎng tiān qián cóng Měiguó lái de.

2. 我的手续是在大使馆办的。
　　Wǒ de shǒuxù shì zài dàshǐguǎn bàn de.

3. 我是坐飞机来的。
　　Wǒ shì zuò fēijī lái de.

二、可以不可以换一个单人间?

Kěyǐ bù kěyǐ huàn yí ge dānrénjiān?

对情况完全不知,希望别人给予回答时用"可以不可以……?",同"可以……吗?"例如:

When the speaker has no idea about the situation but hopes to be informed, he can use the sentence structure 可以不可以...? It is the same as 可以...吗? For example:

1. 可以不可以预订机票?
   Kěyǐ bù kěyǐ yùdìng jīpiào?

2. 可以不可以找我零钱?
   Kěyǐ bù kěyǐ zhǎo wǒ língqián?

三、我喜欢这个数字。
   Wǒ xǐhuan zhège shùzì.

动词"喜欢"意思是对人或事物有好感,可带名词性也可带动词性宾语。例如:

The verb 喜欢 expresses that someone has a good impression on somebody or something. It can be followed by noun objects or verbal objects. For example:

1. 我很喜欢她。
   Wǒ hěn xǐhuan tā.

2. 他不喜欢抽这种牌子的烟。
   Tā bù xǐhuan chōu zhè zhǒng páizi de yān.

练 习　Exercises

一、根据课文内容进行对话练习:
Dialogue drills:

1. 请根据课文内容,充当角色 B 完成下列小对话:
   Complete the following short dialogues according to the text, playing the role of B:

   A: 先生,有事吗?
   Xiānsheng, yǒu shì ma?

   B: _____。

   A: 先生,您预订了吗?
   Xiānsheng, nín yùdìngle ma?

   B: _____。

2. 请根据课文内容,充当角色 A 完成下列小对话:
   Complete the following short dialogues according to the text, playing the role of A:

B：可不可以换一个单人间？
　　Kě bù kěyǐ huàn yí ge dānrénjiān?

A：_____。

B：我的房间是多少号？
　　Wǒ de fángjiān shì duōshao hào?

A：_____。

二、请找出正确的句子：
Choose a correct sentence from A, B, and C:

1.
　A. 我是上个星期在美国预订。　☐
　　　Wǒ shì shàng ge xīngqī zài Měiguó yùdìng.

　B. 我上个星期是在美国预订的。　☐
　　　Wǒ shàng ge xīngqī shì zài Měiguó yùdìng de.

　C. 我是上个星期在美国预订的。　☐
　　　Wǒ shì shàng ge xīngqī zài Měiguó yùdìng de.

2.
　A. 可以不换一个单人间？　☐
　　　Kěyǐ bú huàn yí ge dānrénjiān?

　B. 可以换不可以一个单人间？　☐
　　　Kěyǐ huàn bù kěyǐ yí ge dānrénjiān?

C. 可以不可以换一个单人间？ ☐

   Kěyǐ bù kěyǐ huàn yí ge dānrénjiān?

3.
   A. 我这个数字喜欢。 ☐

   Wǒ zhège shùzì xǐhuan.

   B. 喜欢我这个数字。 ☐

   Xǐhuan wǒ zhège shùzì.

   C. 我喜欢这个数字。 ☐

   Wǒ xǐhuan zhège shùzì.

答 案　　Key to Exercises

一、

1.
   B: 小姐，我要一个房间。

   Xiǎojiě, wǒ yào yí ge fángjiān.

   B: 上个星期在美国预订的。

   Shàng ge xīngqī zài Měiguó yùdìng de.

2.
   A: 可以换。

   Kěyǐ huàn.

A：您的房间是1818。
　　Nín de fángjiān shì yāo bā yāo bā.

二、

1. C
2. C
3. C

第八课 拨电话

Lesson 8　Making a Phone Call

地点：在锦江饭店
Site: Jinjiang Hotel
人物：杰克·乔治、服务员
Characters: Jack George and the waitress

会话1　Dialogue 1

服务员：先生，您住几号房间？

Fúwùyuán: Xiānsheng, nín zhù jǐ hào fángjiān?

Waitress: What is your room number, Sir?

乔　治：1818，这是我的房卡。

Qiáozhì: Yāo bā yāo bā, zhè shì wǒ de fángkǎ.

George: 1818, and this is my room card.

服务员：先生，1818在这儿，插上房卡门就开了。

Fúwùyuán: Xiānsheng, yāo bā yāo bā zài zhèr, chāshang fángkǎ mén jiù kāi le.

Waitress: Here is 1818, Sir. Just insert your card, and the door will open.

乔　治：谢谢，还挺方便的。

Qiáozhì: Xièxie, hái tǐng fāngbiàn de.

George: Thank you. It's really convenient.

会　话 2　　Dialogue 2

乔　治：小姐，房间里的电话怎么用？

Qiáozhì: Xiǎojiě, fángjiān lǐ de diànhuà zěnme yòng?

George: Miss, how can I make a phone call?

服务员：打内线拨房号就可以，打外线要先拨零。

Fúwùyuán: Dǎ nèixiàn bō fánghào jiù kěyǐ, dǎ wàixiàn yào xiān bō líng.

Waitress: For room to room call, just dial the room number. Dial 0 first for outside connections.

乔　治：可以打国际长途吗？

Qiáozhì：Kěyǐ dǎ guójì chángtú ma?

George：Could I call the IDD?

服务员：跟打外线一样，也是先拨零。

Fúwùyuán：Gēn dǎ wàixiàn yíyàng, yě shì xiān bō líng.

Waitress：It's the same, dial 0 first, too.

生 词　　New Words

拨	v.	bō	dial
号	n.	hào	number
房卡	n.	fángkǎ	room card
插	v.	chā	insert
上	n.	shàng	up
门	n.	mén	door
开	v.	kāi	open
还	adv.	hái	yet
挺	adv.	tǐng	quite
方便	adj	fāngbiàn	convenient
怎么	pron.	zěnme	how

打	v.	dǎ	call
内线	n.	nèixiàn	inside connections
房号	n.	fánghào	room number
外线	n.	wàixiàn	outside connections
先	adv.	xiān	first
零	num.	líng	zero
国际长途		guójì chángtú	IDD
跟……一样		gēn……yíyàng	same as...

语 法　Grammar

一、还挺方便的。

　　Hái tǐng fāngbiàn de.

　　副词"还"在这里表示超出预料的语气。例如：

The adverb 还 herein expresses a tone that something exceeds one's expectations. For example:

1. 没想到他还真行。
   Méi xiǎngdào tā hái zhēn xíng.

2. 他的汉语还挺好。
   Tā de Hànyǔ hái tǐng hǎo.

二、打外线要先拨零。
　　Dǎ wàixiàn yào xiān bō líng.

　　"先"、"然后"常前后呼应,表示两件事情的顺序。例如:

The word 先 and 然后 usually appear correspondingly to indicate the sequence of two events. For example:

1. 你先买,然后我再买。
　　Nǐ xiān mǎi, ránhòu wǒ zài mǎi.

2. 先洗手,然后再吃饭。
　　Xiān xǐ shǒu, ránhòu zài chīfàn.

三、跟打外线一样,也是先拨零。
　　Gēn dǎ wàixiàn yíyàng, yě shì xiān bō líng.

　　"跟……(不)一样"这个句式表示 A 与 B 在某个方面一样或不一样。例如:

The sentence structure 跟…(不)一样 expresses the sameness or difference between A and B. For example:

1. 我的书跟你的一样。
　　Wǒ de shū gēn nǐ de yíyàng.

2. 北京的天气跟我们国家的不一样。
　　Běijīng de tiānqì gēn wǒmen guójiā de bù yíyàng.

练习　Exercises

一、根据课文内容进行对话练习：
Dialogue drills:

1. 请根据课文内容,充当角色 B 完成下列小对话:
Complete the following short dialogues according to the text, playing the role of B:

　A: 先生,您住几号房间?
　　Xiānsheng, nín zhù jǐ hào fángjiān?

　B: _____。

　A: 先生,1818 在这儿,插上房卡门就开了。
　　Xiānsheng, yāo bā yāo bā zài zhèr, chāshang fángkǎ mén jiù kāi le.

　B: _____。

2. 请根据课文内容,充当角色 A 完成下列小对话:
Complete the following short dialogues according to the text, playing the role of A:

　B: 小姐,房间里的电话怎么用?

　　　　Xiǎojiě, fángjiān lǐ de diànhuà zěnme yòng?

　　A: _____。

　　B: 怎么打国际长途?
　　　Zěnme dǎ guójì chángtú?

　　A: _____。

二、请找出正确的句子:
　Choose a correct sentence from A, B, and C:

1.
　　A. 还挺方便的。☐
　　　Hái tǐng fāngbiàn de.

　　B. 还方便的。☐
　　　Hái fāngbiàn de.

　　C. 挺还方便的。☐
　　　Tǐng hái fāngbiàn de.

2.
　　A. 要打外线拨零先。☐
　　　Yào dǎ wàixiàn bō líng xiān.

　　B. 先打外线要拨零。☐
　　　Xiān dǎ wàixiàn yào bō líng.

C. 打外线要先拨零。☐

Dǎ wàixiàn yào xiān bō líng.

3.

A. 跟打外线一样,也先是拨零。☐

Gēn dǎ wàixiàn yíyàng, yě xiān shì bō líng.

B. 跟打外线一样,是也先拨零。☐

Gēn dǎ wàixiàn yíyàng, shì yě xiān bō líng.

C. 跟打外线一样,也是先拨零。☐

Gēn dǎ wàixiàn yíyàng, yě shì xiān bō líng.

答 案　　Key to Exercises

一、

1.

B: 1818,这是我的房卡。

Yāo bā yāo bā, zhè shì wǒ de fángkǎ.

B: 谢谢,还挺方便的。

Xièxie, hái tǐng fāngbiàn de.

2.

A: 打内线拨房号就可以,打外线要先拨零。

Dǎ nèixiàn bō fánghào jiù kěyǐ, dǎ wàixiàn yào xiān bō líng.

A：跟打外线一样，也是先拨零。
　　Gēn dǎ wàixiàn yíyàng, yě shì xiān bō líng.

二、
1. A
2. C
3. C

第九课 在餐厅

Lesson 9　In the Dining Hall

地点：在锦江饭店餐厅
Site: Dining Hall, Jinjiang Hotel
人物：杰克·乔治、餐厅服务员
Characters: Jack George and the waitress

会话 1　　Dialogue 1

服务员：先生,欢迎您来用餐。

Fúwùyuán: Xiānsheng, huānyíng nín lái yòng cān.

Waitress: Welcome to have breakfast here, Sir.

乔　治：早餐有些什么？

Qiáozhì: Zǎocān yǒu xiē shénme?

George: What do you serve for breakfast?

服务员：西餐、中餐都有，随您点。

Fúwùyuán: Xīcān、zhōngcān dōu yǒu, suí nín diǎn.

Waitress: We have both western food and Chinese food. It's up to you.

乔　治：到了中国，该吃地道的中餐。

Qiáozhì: Dàole Zhōngguó, gāi chī dìdao de zhōngcān.

George: I should have genuine Chinese food since I'm in China.

会　话 2　　Dialogue 2

乔　治：小姐，这里的菜是什么风味的？

Qiáozhì: Xiǎojiě, zhèlǐ de cài shì shénme fēngwèi de?

George: What is the flavor of the dish here?

服务员：四川风味，有点儿辣，您吃得惯吗？

Fúwùyuán: Sìchuān fēngwèi, yǒudiǎnr là, nín chī de guàn ma?

Waitress: It's Sichuan cuisine, and it's a little bit hot. Are you used to it?

乔　治：还吃得惯,但是不要太辣。

Qiáozhì: Hái chī de guàn, dànshì búyào tài là.

George: It's OK, but don't be too hot.

服务员：可以,您点点儿什么呢?

Fúwùyuán: Kěyǐ, nín diǎn diǎnr shénme ne?

Waitress: OK. What are you going to order?

生　词　　New Words

餐厅	n.	cāntīng	dining hall
用餐		yòng cān	have meals
早餐	n.	zǎocān	breakfast
些	m.w.	xiē	some
西餐	n.	xīcān	western food
中餐	n.	zhōngcān	Chinese food
随	prep.	suí	do as one pleases
点	v.	diǎn	order
该	aux.v.	gāi	should
吃	v.	chī	eat

地道	adj.	dìdao	genuine
菜	n.	cài	dish
风味	n.	fēngwèi	flavor, taste
有点儿		yǒudiǎnr	a bit
辣	adj.	là	hot, spicy
吃得惯		chī de guàn	be used to (certain flavor of food)
还	adv.	hái	yet
但是	conj.	dànshì	but
太	adv.	tài	too
点儿	m.w.	diǎnr	a little bit
什么	pron.	shénme	what
呢	modal particle	ne	(usually used to end a question)

专　名　　Proper Noun

四川	Sìchuān	Sichuan (Province)

语　法　Grammar

一、西餐、中餐都有，随您点。
　　Xīcān、zhōngcān dōu yǒu, suí nín diǎn.

　　动词"随"意思是任凭、由着，必带名词宾语。前边多用动词或小句。例如：

　　The verb 随 means to do something at one's convenience, which must be followed by a noun object. Verbs or short sentences are usually used before it. For example:

1. 去不去随您。
　 Qù bú qù suí nín.

2. 这几种随你选。
　 Zhè jǐ zhǒng suí nǐ xuǎn.

二、四川风味，有点儿辣，您吃得惯吗？
　　Sìchuān fēngwèi, yǒudiǎnr là, nín chī de guàn ma?

　　"有点儿+形容词"，这个句式在这里表示跟某一类比较，程度上有差别。例如：

　　The pattern 有点儿 + adjective means difference in extent when compared with a certain kind. For example:

1. 这个房间有点儿小。
   Zhège fángjiān yǒudiǎnr xiǎo.

2. 你来得有点儿晚。
   Nǐ lái de yǒudiǎnr wǎn.

三、还吃得惯,但是不要太辣。
   Hái chī de guàn, dànshì búyào tài là.

动词"惯"常用在别的动词后作结果补语,意思是由于常常或长期做某事,因而渐渐习惯了。例如:

The verb 惯 is usually used after another verb as a verbal complement of result. It means that one has got used to something because he has done it frequently or over a long period of time. For example:

1. 这里我已经住惯了。
   Zhèlǐ wǒ yǐjing zhù guàn le.

2. 我常吃中国菜,用惯了筷子。
   Wǒ cháng chī Zhōngguó cài, yòng guàn le kuàizi.

四、还吃得惯,但是不要太辣。
   Hái chī de guàn, dànshì búyào tài là.

"还"在这里是勉强过得去的意思。多在形容词或动词性词语前。例如：

The adverb 还 herein means passable. It usually appears in front of an adjective or a verbal phrase. For example:

1. 那个地方还算安静。
    Nàge dìfang hái suàn ānjìng.
2. 这里交通还算方便。
    Zhèlǐ jiāotōng hái suàn fāngbiàn.

五、还吃得惯。
Hái chī de guàn.

"吃得惯"的形式是"动词＋得／不＋动词／形容词"，补充说明动作能否达到某种结果或情况。例如：

The pattern of 吃得惯 is: verb ＋得／不＋verb/adjective. It shows whether the action can reach a certain result or state. For example:

1. 我一天看不完这本书。
    Wǒ yì tiān kàn bu wán zhè běn shū.
2. 你听得懂我说的话吗？
    Nǐ tīng de dǒng wǒ shuō de huà ma?

练习　Exercises

一、根据课文内容进行对话练习：
　　Dialogue drill:

1. 请根据课文内容,充当角色 B 完成下列小对话：
Complete the following short dialogues according to the text, playing the role of B:

　　A：先生,欢迎您来用餐。
　　　　Xiānsheng, huānyíng nín lái yòng cān.

　　B：_____。

　　A：西餐、中餐都有,随您点。
　　　　Xīcān、zhōngcān dōu yǒu, suí nín diǎn.

　　B：_____。

2. 请根据课文内容,充当角色 A 完成下列小对话：
Complete the following short dialogues according to the text, playing the role of A:

　　B：小姐,这里的菜是什么风味的？
　　　　Xiǎojiě, zhèlǐ de cài shì shénme fēngwèi de?

A: _____。

B: 我还吃得惯,但是不要太辣。
　　Wǒ hái chī de guàn, dànshì búyào tài là.

A: _____。

二、请找出正确的句子:
Choose a correct sentence from A, B, and C:

1.
A. 都西餐、中餐有,随您点。☐
　　Dōu xīcān、zhōngcān yǒu, suí nín diǎn.

B. 西餐、中餐都有,您随点。☐
　　Xīcān、zhōngcān dōu yǒu, nín suí diǎn.

C. 西餐、中餐都有,随您点。☐
　　Xīcān、zhōngcān dōu yǒu, suí nín diǎn.

2.
A. 四川风味,辣有点儿,您吃得惯吗?☐
　　Sìchuān fēngwèi, là yǒudiǎnr, nín chī de guàn ma?

B. 有点儿四川风味辣,您吃得惯吗?☐
　　Yǎudiǎnr Sìchuān fēngwèi là, nín chī de guàn ma?

C. 四川风味,有点儿辣,您吃得惯吗?☐
　　Sìchuān fēngwèi, yǒudiǎnr là, nín chī de guàn ma?

3.

　　A. 吃还得惯，但是不要太辣。☐

　　　Chī hái de guàn, dànshì búyào tài là.

　　B. 还吃得惯，但是不要太辣。☐

　　　Hái chī de guàn, dànshì búyào tài là.

　　C. 还吃惯得，但是不要太辣。☐

　　　Hái chī guàn de, dànshì búyào tài là.

答　案　　Key to Exercises

一、

1.

　　B：早餐有些什么？
　　　Zǎocān yǒu xiē shénme?

　　B：到了中国，该吃地道的中餐。
　　　Dàole Zhōngguó, gāi chī dìdao de zhōngcān.

2.

　　A：四川风味，有点儿辣，您吃得惯吗？
　　　Sìchuān fēngwèi, yǒudiǎnr là, nín chī de guàn ma?

　　A．可以，您点点儿什么呢？
　　　Kěyǐ, nín diǎn diǎnr shénme ne?

二、

1. C
2. C
3. B

Lesson 10   Ordering Dishes

地点：在锦江饭店餐厅
Site: Dining Hall, Jinjiang Hotel
人物：杰克·乔治、小李、餐厅服务员
Characters: Jack George, Little Li and the waitress

会 话 1   Dialogue 1

小 李：你不爱吃辣的,就来个清蒸鱼吧。

Xiǎo Lǐ: Nǐ bú ài chī là de, jiù lái ge qīngzhēngyú ba.

Little Li: Let's order a steamed fish since you don't like spicy food.

乔 治：为什么要说"来",不说"买"？

Qiáozhì: Wèi shénme yào shuō "lái", bù shuō "mǎi"?

George: Why did you say "lai"(come), not "mai"(buy)?

小　李：在餐厅点菜，一般不说"买"，都说"来"，也可以说"要"。

Xiǎo Lǐ: Zài cāntīng diǎn cài, yìbān bù shuō "mǎi", dōu shuō "lái", yě kěyǐ shuō "yào".

Little Li: We generally say "lai" but not "mai" in the restaurant. We can also say "yao"(order).

乔　治：我明白了。那咱们就来个鱼，来个虾，还要几个凉菜。

Qiáozhì: Wǒ míngbai le. Nà zánmen jiù lái ge yú, lái ge xiā, hái yào jǐ ge liángcài.

George: I see. Then let's order a fish, a dish of prawns and some cold dishes as well.

会　话 2　　　Dialogue 2

乔　治：小姐，我们要两瓶啤酒。

Qiáozhì: Xiǎojiě, wǒmen yào liǎng píng píjiǔ.

George: Two bottles of beer, please.

服务员：要冰镇的吗？

Fúwùyuán: Yào bīngzhèn de ma?

Waitress: Would you like the iced?

乔　治：要冰镇的。

Qiáozhì: Yào bīngzhèn de.

George: Yes.

服务员：我马上拿来。

Fúwùyuán: Wǒ mǎshàng ná lái.

Waitress: OK. I'll bring them over soon.

生词　　New Words

爱	v.	ài	like
来	v.	lái	order
清蒸鱼	n.	qīngzhēngyú	steamed fish
吧	mode particle	ba	(usually used in imperative sentences)
为什么		wèi shénme	why
说	v.	shuō	say
一般	adv.	yìbān	generally
都	adv.	dōu	all

也	adv.	yě	also
明白	v.	míngbai	understand
咱们	pron.	zánmen	we
鱼	n.	yú	fish
虾	n.	xiā	prawn
凉菜	n.	liángcài	cold dishes
两	num.	liǎng	two
瓶	m.w.	píng	bottle
啤酒	n.	píjiǔ	beer
冰镇		bīngzhèn	iced
拿	v.	ná	bring

语　法　　Grammar

一、你不爱吃辣的，就来个清蒸鱼吧。

　　Nǐ bú ài chī là de, jiù lái ge qīngzhēngyú ba.

　　动词"爱"在这里表示喜欢某种活动，通常要带动词、形容词宾语。带宾语后，可以受程度副词修饰。例如：

　　The verb 爱 here means to be fond of certain activity. It is usually followed by a verbal or an adjective object. The phrase 爱 + object can be modified by an adverb of degree. For example:

1. 你爱听京剧吗?
   Nǐ ài tīng jīngjù ma?

2. 他最爱看外国电影。
   Tā zuì ài kàn wàiguó diànyǐng.

二、我马上拿来。
   Wǒ mǎshàng ná lái.

"动词 + 来/去"构成简单趋向补语。动作向着说话人的方向时要用"来",动作背向说话人的方向时要用"去"。

The pattern of verb + 来/去 forms a simple directional complement. When the direction of the action transfers to the speaker, 来 should be used, while 去 is used to describe the direction of the action opposite to the speaker.

动词带宾语时有两种情况:当宾语为一般事物名词时,可放在"来"、"去"的前面,也可以放在"来"、"去"的后面。当宾语为处所词或词组时,宾语要放在动词和"来""去"的中间。例如:

There are two cases when an object follows a verb. When a common noun serves as the object, it can be put either before or after 来/去; if the object is a word/phrase of location, it should be put between the verb and 来/去. For example:

1. 妈妈买来很多东西。(说话人在商店以外的地方)
   Māma mǎi lái hěn duō dōngxi.
   (The speaker is outside the store.)

2. 下雨了,我们进屋去吧?(说话人在屋外)
   Xià yǔ le, wǒmen jìn wū qù ba?
   (The speaker is outside the house.)

三、那咱们就来个鱼,来个虾,还要几个凉菜。
   Nà zánmen jiù lái ge yú, lái ge xiā, hái yào jǐ ge liángcài.

"咱们"包括说话人和听话人,用于口语;"我们"可以包括听话人,也可以不包括听话人。例如:

咱们 means the two parties of a dialogue, i. e. the speaker and the listener, only used in oral language; while 我们 represents either the speaker alone or the two parties. For example:

1. 学　生:我们明天去看电影,您能和我们一起去吗?
   Xuésheng: Wǒmen míngtiān qù kàn diànyǐng, nín néng hé wǒmen yìqǐ qù ma?

   老　师:明天我没事,咱们一起去吧!

Lǎoshī: Míngtiān wǒ méi shì, zánmen yìqǐ qù ba!

2. A: 下午咱们去王府井吧？
　　Xiàwǔ zánmen qù Wángfǔjǐng ba?

　　B: 我有事，你们去吧。
　　Wǒ yǒu shì, nǐmen qù ba.

练　习　　Exercises

一、根据课文内容进行对话练习：
　　Dialogue drills:

1. 请根据课文内容，充当角色 B 完成下列小对话：
Complete the following short dialogues according to the text, playing the role of B:

　　A: 你不爱吃辣的，就来个清蒸鱼吧。
　　　Nǐ bú ài chī là de, jiù lái ge qīngzhēngyú ba.

　　B: _____。

　　A: 你想喝点儿什么？
　　　Nǐ xiǎng hē diǎnr shénme?

　　B: _____。

2. 请根据课文内容,充当角色 A 完成下列小对话:
Complete the following short dialogues according to the text, playing the role of A:

B: 为什么要说"来",不说"买"?
　　Wèi shénme yào shuō "lái", bù shuō "mǎi"?
A: ＿＿＿＿＿＿＿＿＿＿＿＿。

B: 小姐,我们要两瓶啤酒。
　　Xiǎojiě, wǒmen yào liǎng píng píjiǔ.
A: ＿＿＿＿＿＿＿＿＿＿＿＿。

二、请找出正确的句子:
Choose a correct sentence from A, B, and C:

1.
　A. 你不爱吃辣的,来就个清蒸鱼吧。☐
　　 Nǐ bú ài chī là de, lái jiù ge qīngzhēngyú ba.

　B. 你不爱辣,就来个清蒸鱼吧。☐
　　 Nǐ bú ài là, jiù lái ge qīngzhēngyú ba.

　C. 你不爱吃辣的,就来个清蒸鱼吧。☐
　　 Nǐ bú ài chī là de, jiù lái ge qīngzhēngyú ba.

2.
　A. 马上我拿来。☐

  Mǎshàng wǒ ná lái.

 B. 我马上拿去。☐
  Wǒ mǎshàng ná qù.

 C. 我马上拿来。☐
  Wǒ mǎshàng ná lái.

3.
 A. 就那咱们来个鱼,来个虾,还要几个凉菜。☐
  Jiù nà zánmen lái ge yú, lái ge xiā, hái yào jǐ ge liángcài.

 B. 那就咱们来个鱼,来个虾,还要几个凉菜。☐
  Nà jiù zánmen lái ge yú, lái ge xiā, hái yào jǐ ge liángcài.

 C. 那咱们就来个鱼,来个虾,还要几个凉菜。☐
  Nà zánmen jiù lái ge yú, lái ge xiā, hái yào jǐ ge liángcài.

答 案　　Key to Exercises

一、

1.
 B: 那咱们就来个鱼,来个虾,还要几个凉菜。
  Nà zánmen jiù lái ge yú, lái ge xiā, hái yào jǐ ge

liángcài.

B：我们要两瓶冰镇啤酒。
Wǒmen yào liǎng píng bīngzhèn píjiǔ.

2.
A：在餐厅点菜，一般不说"买"，都说"来"，也可以说"要"。
Zài cāntīng diǎn cài, yìbān bù shuō "mǎi", dōu shuō "lái", yě kěyǐ shuō "yào".

A：我马上拿来。
Wǒ mǎshàng ná lái.

二、

1. C
2. C
3. C

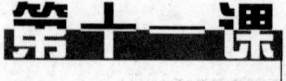 

Lesson 11　Asking the Way

地点：在马路上
Site: In the Street
人物：杰克·乔治、行人
Characters: Jack George and a passerby

会 话 1　　　Dialogue 1

乔　治：请问，附近有银行吗？

Qiáozhì: Qǐngwèn, fùjìn yǒu yínháng ma?

George: Excuse me, is there any bank nearby?

行　人：过了马路，往前走200米有一家中国银行。

Xíngrén: Guòle mǎlù, wǎng qián zǒu èrbǎi mǐ yǒu yì jiā Zhōngguó Yínháng.

Passerby: Cross the road and go straight ahead. You'll see

a Bank of China 200 meters away.

乔　治：那儿离地铁近不近？

Qiáozhì: Nàr lí dìtiě jìn bu jìn?

George: Is it far from the subway?

行　人：从银行出来，往左走不远就有一个地铁站。

Xíngrén: Cóng yínháng chūlai, wǎng zuǒ zǒu bù yuǎn jiù yǒu yí ge dìtiě zhàn.

Passerby: Turn to the left after you come out from the bank, you'll see a subway station.

会　话 2　　　Dialogue 2

乔　治：对不起，我迷路了。

Qiáozhì: Duì bu qǐ, wǒ mílù le.

George: Excuse me, I lost my way.

行　人：您要去什么地方？

Xíngrén: Nín yào qù shénme dìfang?

Passerby: Where are you going?

乔 治：锦江饭店。

Qiáozhì: Jǐnjiāng Fàndiàn.

George: Jinjiang Hotel.

行 人：到了前面十字路口，往右拐就是锦江饭店。

Xíngrén: Dàole qiánmian shí zì lùkǒu, wǎng yòu guǎi jiù shì Jǐnjiāng Fàndiàn.

Passerby: Go straight to the crossroad, and turn to the right, then you can see the Jinjiang Hotel.

生 词　　New Words

问	v.	wèn	ask
路	n.	lù	road, way
马路	n.	mǎlù	street
行人	n	xíngrén	passerby, pedestrian
附近	n.	fùjìn	nearby
银行	n.	yínháng	bank
过	v.	guò	cross
往	prep.	wǎng	to
前	n.	qián	front, ahead

走	v.	zǒu	go
米	m.w.	mǐ	meter
家	m.w.	jiā	(used to count the number of families and enterprises)
那儿	pron.	nàr	there
地铁	n.	dìtiě	subway
站	n	zhàn	station
近	adj.	jìn	near
左	n.	zuǒ	left
迷路		mílù	be lost
前面	n.	qiánmian	ahead
十字路口		shí zì lùkǒu	crossroad, intersection
拐	v.	guǎi	turn to

语 法　Grammar

一、过了马路,往前走 200 米有一家中国银行。

　　Guòle mǎlù, wǎng qián zǒu èrbǎi mǐ yǒu yì jiā Zhōngguó Yínháng.

介词"往"和方位词结合,可组成介词结构,表示动作的方向。例如:

The preposition 往 can combine with a directional noun to form a prepositional phrase which shows the direction of an action. For example:

1. 过马路时应先往两边看看有没有车,然后再走。
   Guò mǎlù shí yīng xiān wǎng liǎng biān kànkan yǒu méiyǒu chē, ránhòu zài zǒu.

2. A: 请问,去北京站怎么走?
   Qǐngwèn, qù Běijīng zhàn zěnme zǒu?

   B: 一直走,再往东拐就是北京站了。
   Yìzhí zǒu, zài wǎng dōng guǎi jiù shì Běijīng zhàn le.

二、那儿离地铁近不近?
Nàr lí dìtiě jìn bu jìn?

"那儿离地铁近不近?"是一个选择问句,它的形式是"形容词+不+形容词?",用谓语的肯定形式和否定形式并列起来提问。例如:

The sentence 那儿离地铁近不近 is an alternative question. Its structure is adjective + 不 + adjective. It juxtaposes the affirmative and negative form of the predicate to ask a question. For example:

1. 机场离饭店远不远？
   Jīchǎng lí fàndiàn yuǎn bu yuǎn?

2. 那家商店的东西贵不贵？
   Nà jiā shāngdiàn de dōngxi guì bu guì?

三、往右拐就是锦江饭店。
   Wǎng yòu guǎi jiù shì Jǐnjiāng Fàndiàn.

副词"就"是用来加强肯定语气的。例如：

The adverb 就 emphasizes the affirmative tone. For example:

1. 我要找的人就是他。
   Wǒ yào zhǎo de rén jiù shì tā.

2. 前面那个人就是李先生。
   Qiánmian nà ge rén jiù shì Lǐ xiānsheng.

练 习　　Exercises

一、根据课文内容进行对话练习：
   Dialogue drills:

1. 请根据课文内容,充当角色B完成下列小对话:
Complete the following short dialogues according to the text, playing the role of B:

A: 请问,附近有银行吗?
　　Qǐngwèn, fùjìn yǒu yínháng ma?

B: _____。

A: 那儿离地铁近不近?
　　Nàr lí dìtiě jìn bu jìn?

B: _____。

2. 请根据课文内容,充当角色A完成下列小对话:
Complete the following short dialogues according to the text, playing the role of A:

B: 先生,您有什么事?
　　Xiānsheng, nín yǒu shénme shì?

A: _____。

B: 您要去什么地方?
　　Nín yào qù shénme dìfang?

A: _____。

二、请找出正确的句子:

Choose a correct sentence from A, B, and C:

1.
   A. 过了马路,前往走 200 米,有一家中国银行。 ☐
   Guòle mǎlù, qián wǎng zǒu èrbǎi mǐ, yǒu yì jiā Zhōngguó Yínháng.

   B. 过了马路,走往前 200 米,有一家中国银行。 ☐
   Guòle mǎlù, zǒu wǎng qián èrbǎi mǐ, yǒu yì jiā Zhōngguó Yínháng.

   C. 过了马路,往前走 200 米,有一家中国银行。 ☐
   Guòle mǎlù, wǎng qián zǒu èrbǎi mǐ, yǒu yì jiā Zhōngguó Yínháng.

2.
   A. 那儿离地铁近不近? ☐
   Nàr lí dìtiě jìn bu jìn?

   B. 那儿离地铁不近? ☐
   Nàr lí dìtiě bú jìn?

   C. 那儿离地铁近? ☐
   Nàr lí dìtiě jìn?

3.
   A. 往右拐是就锦江饭店。 ☐
   Wǎng yòu guǎi shì jiù Jǐnjiāng Fàndiàn.

   B. 就往右拐是锦江饭店。 ☐
   Jiù wǎng yòu guǎi shì Jǐnjiāng Fàndiàn.

C. 往右拐就是锦江饭店。☐
Wǎng yòu guǎi jiù shì Jǐnjiāng Fàndiàn.

答 案　　Key to Exercises

一、

1.
B: 过了马路,往前走200米,有一家中国银行。
Guòle mǎlù, wǎng qián zǒu èrbǎi mǐ, yǒu yì jiā Zhōngguó Yínháng.

B: 从银行出来,往左走不远就有一个地铁站。
Cóng yínháng chūlai, wǎng zuǒ zǒu bù yuǎn jiù yǒu yí ge dìtiě zhàn.

2.
A: 对不起,我迷路了。
Duì bu qǐ, wǒ mílù le.

A: 锦江饭店。
Jǐnjiāng Fàndiàn.

二、

1. C
2. A
3. C

第十二课 换钱

Lesson 12　Foreign Exchange

地点：在中国银行
Site: Bank of China
人物：杰克·乔治、银行女职员
Characters: Jack George and the teller

会话1　Dialogue 1

乔　治：小姐,这儿换钱可以用信用卡吗?

Qiáozhì: Xiǎojiě, zhèr huàn qián kěyǐ yòng xìnyòngkǎ ma?

George: Could I draw some RMB with my credit card, madam?

小　姐：可以,除了信用卡,还可以用旅行支票和现钞。

Xiǎojiě: Kěyǐ, chúle xìnyòngkǎ, hái kěyǐ yòng lǚxíng zhīpiào hé xiànchāo.

Teller: Certainly. Besides credit card, you can also use traveler's cheque and cash.

乔　治：信用卡比较方便。

Qiáozhì: Xìnyòngkǎ bǐjiào fāngbiàn.

George: But credit card is more convenient.

小　姐：请您在这儿签上您的名字。

Xiǎojiě: Qǐng nín zài zhèr qiānshang nín de míngzi.

Teller: Sign your name here, please.

会　话 2　　　Dialogue 2

乔　治：小姐,今天的比价是多少?

Qiáozhì: Xiǎojiě, jīntiān de bǐjià shì duōshao?

George: What is the exchange rate today?

小　姐：美元是1比8点27,港币是1比1点15。

Xiǎojiě: Měiyuán shì yī bǐ bā diǎn èrqī, Gǎngbì shì yī bǐ yī diǎn yīwǔ.

Teller: The rate between USD and RMB is 1∶8.27, and the rate between RMB and HK$ is 1∶1.15.

乔　治：我换500美元。

Qiáozhì: Wǒ huàn wǔbǎi Měiyuán.

George: I'll sell 500 dollars.

小　姐：500美元换4135元人民币，您点一下。

Xiǎojiě: Wǔbǎi Měiyuán huàn sìqiān yībǎi sānshíwǔ yuán Rénmínbì, nín diǎn yí xià.

Teller: That's 4135 yuan for 500 USD, please count it.

生　词　　New Words

钱	n.	qián	money
职员	n.	zhíyuán	staff member
信用卡	n.	xìnyòngkǎ	credit card
除了	prep.	chúle	except for, besides
旅行支票		lǚxíng zhīpiào	traveler's cheque
和	conj.	hé	and
现钞	n.	xiànchāo	cash
签	v.	qiān	sign

名字	n.	míngzi	name
今天	n.	jīntiān	today
比价	n.	bǐjià	exchange rate
比	v.	bǐ	ratio
点	n.	diǎn	point
百	num.	bǎi	hundred
千	num.	qiān	thousand
元	m.w.	yuán	yuan

专　名　　Proper Nouns

人民币	Rénmínbì	RMB
港币	Gǎngbì	Hong Kong Dollar

语　法　　Grammar

一、除了信用卡，还可以用旅行支票和现钞。

　　Chúle xìnyòngkǎ, hái kěyǐ yòng lǚxíng zhīpiào hé xiànchāo.

　　在这里，"除了"表示在什么之外还有别的。后面常有"还"、"也"等呼应。例如：

除了 here means something else besides the above-mentioned, followed correspondingly by 也, 还, etc. For example:

1. 除了英语以外,他还会说法语。
   Chúle Yīngyǔ yǐwài, tā hái huì shuō Fǎyǔ.

2. 除了星期日以外,我们星期六也休息。
   Chúle Xīngqīrì yǐwài, wǒmen Xīngqīliù yě xiūxi.

二、请您在这儿签上您的名字。
   Qǐng nín zài zhèr qiānshang nín de míngzi.

动词"上"可以用在主要动词的后边,意思是获得某种结果或达到一种比较高的程度。例如:

The verb 上 may be put after a main verb to indicate obtaining a certain result or reaching a higher extent. For example:

1. 大学毕业后,她当上了一名教师。
   Dàxué bìyè hòu, tā dāngshangle yì míng jiàoshī.

2. 今年我们住上了新房子。
   Jīnnián wǒmen zhùshangle xīn fángzi.

三、500美元换4135元人民币,您点一下。
   Wǔbǎi Měiyuán huàn sìqiān yībǎi sānshíwǔ yuán

Rénmínbì, nín diǎn yí xià.

"一下"用在动词后边,除了可以表示动作的次数外,也可以表示动作经历的时间短暂,并带有轻松随便的意味。形式是:"动词+一下"。例如:

The phrase 一下 is put after the verb. Besides indicating the frequency of an action, it also means that the action is brief and casual. The pattern is: verb + 一下. For example:

1. 我给你们介绍一下。
   Wǒ gěi nǐmen jièshào yí xià.

2. 请您在这儿写一下。
   Qǐng nín zài zhèr xiě yí xià.

3. 请在这儿等一下。
   Qǐng zài zhèr děng yí xià.

练 习　　Exercises

一、根据课文内容进行对话练习:
   Dialogue drills:

1. 请根据课文内容,充当角色B完成下列小对话:
   Complete the following short dialogues according to the

text, playing the role of B:

A：小姐，这儿换钱可以用信用卡吗？
Xiǎojiě, zhèr huàn qián kěyǐ yòng xìnyòngkǎ ma?

B：_____。

A：除了信用卡，换钱还可以用什么？
Chúle xìnyòngkǎ, huàn qián hái kěyǐ yòng shénme?

B：_____。

2. 请根据课文内容，充当角色 A 完成下列小对话：
Complete the following short dialogues according to the text, playing the role of A:

B：先生，你用哪种钱换？
Xiānsheng, nǐ yòng nǎ zhǒng qián huàn?

A：_____。

B：今天的比价美元是 1 比 8 点 27，您要换多少？。
Jīntiān de bǐjià Měiyuán shì yī bǐ bā diǎn èrqī, nín yào huàn duōshao?

A：_____。

二、请找出正确的句子：

Choose a correct sentence from A, B, and C:

1.
   A. 除了信用卡,还用可以旅行支票和现钞。☐

   Chúle xìnyòngkǎ, hái yòng kěyǐ lǚxíng zhīpiào hé xiànchāo.

   B. 除了信用卡,可以还用旅行支票和现钞。☐

   Chúle xìnyòngkǎ, kěyǐ hái yòng lǚxíng zhīpiào hé xiànchāo.

   C. 除了信用卡,还可以用旅行支票和现钞。☐

   Chúle xìnyòngkǎ, hái kěyǐ yòng lǚxíng zhīpiào hé xiànchāo.

2.
   A. 在这儿请您签上您的名字。☐

   Zài zhèr qǐng nín qiānshang nín de míngzi.

   B. 请您签上在这儿您的名字。☐

   Qǐng nín qiānshang zài zhèr nín de míngzi.

   C. 请您在这儿签上您的名字。☐

   Qǐng nín zài zhèr qiānshang nín de míngzi.

3.
   A. 500美元换4135元人民币,您一下点。☐

   Wǔbǎi Měiyuán huàn sìqiān yībǎi sānshíwǔ yuán

Rénmínbì, nín yí xià diǎn.

B. 500美元换4135元人民币，点您一下。☐
Wǔbǎi Měiyuán huàn sìqiān yībǎi sānshíwǔ yuán Rénmínbì, diǎn nín yí xià.

C. 500美元换4135元人民币，您点一下。☐
Wǔbǎi Měiyuán huàn sìqiān yībǎi sānshíwǔ yuán Rénmínbì, nín diǎn yí xià.

答 案　　Key to Exercises

一、

1.

B：可以。
Kěyǐ.

B：还可以用旅行支票和现钞。
Hái kěyǐ yòng lǚxíng zhīpiào hé xiànchāo.

2.

A：我用美元换。
Wǒ yòng Měiyuán huàn.

A：我要换500美元。
Wǒ yào huàn wǔbǎi Měiyuán.

二、

111

1. C
2. C
3. C

第十三课 谈"老外"

Lesson 13　Talking About Lao Wai (Foreigners)

地点：在饭店的休息厅
Site: Lobby of the hotel
人物：杰克·乔治、李小姐
Characters: Jack George and Miss Li

会　话 1　　　　Dialogue 1

乔　治：小李，"老外"这个词挺有意思。

Qiáozhì: Xiǎo Lǐ, "lǎo wài" zhège cí tǐng yǒu yìsi.

George: Well, Xiao Li, the word 老外 (Lao Wai) is very interesting.

小　李：你知道"老外"究竟是什么意思吗？

Xiǎo Lǐ: Nǐ zhīdào "lǎo wài" jiūjìng shì shénme yìsi ma?

Miss Li: Do you know what it means exactly by Lao Wai?

乔　治：你们一看见黄头发蓝眼睛的人，就准叫"老外"。

Qiáozhì: Nǐmen yí kànjiàn huáng tóufa lán yǎnjing de rén, jiù zhǔn jiào "lǎo wài".

George: You will surely call him Lao Wai as soon as you see somebody with yellow hair and blue eyes.

小　李："可是，有的时候，"老外"不是这个意思。

Xiǎo Lǐ: Kěshì, yǒu de shíhou, "lǎo wài" bú shì zhège yìsi.
Miss Li: But sometimes Lao Wai means something different.

会　话 2　　　Dialogue 2

乔　治："老外"还有别的意思？我怎么没听说过？

Qiáozhì: "Lǎo wài" hái yǒu bié de yìsi? Wǒ zěnme méi tīngshuōguo?

George: Does Lao Wai mean anything else? Why haven't I ever heard of that?

小　李："老外"还有个意思是"外行"。

Xiǎo Lǐ: "Lǎo wài" hái yǒu ge yìsi shì "wàiháng".

Miss Li: Lao Wai also means "layman".

乔　治：在旅游、购物的时候，可不能当"老外"。

Qiáozhì: Zài lǚyóu、gòuwù de shíhou, kě bù néng dāng "lǎo wài".

George: Then we'd better not be Lao Wai when we are traveling and shopping.

小　李：还真是这样。

Xiǎo Lǐ: Hái zhēn shì zhèyàng.

Miss Li: Definitely.

生　词　　New Words

谈	v.	tán	talk about
老	adj.	lǎo	old
外国人	n.	wàiguó rén	foreigner
有意思		yǒu yìsi	interesting
知道	v.	zhīdao	know
意思	n.	yìsi	meaning
究竟	adv.	jiūjìng	after all

一……就……		yì……jiù……	as soon as
黄	adj.	huáng	yellow
头发	n.	tóufa	hair
蓝	adj.	lán	blue
眼睛	n.	yǎnjing	eye
准	adv.	zhǔn	surely
可是	conj.	kěshì	but
有的时候		yǒu de shíhou	sometimes
别的	pron.	bié de	other
听说	v.	tīngshuō	hear of
过		guo	ever
外行	n.	wàiháng	layman
旅游	v.	lǚyóu	travel
购物		gòuwù	shopping
可	adv.	kě	had better
当	v.	dāng	be
真	adv.	zhēn	really

语法　Grammar

一、你知道"老外"究竟是什么意思？
　　Nǐ zhīdao "lǎo wài" jiūjìng shì shénme yìsi?

　　副词"究竟"用于问句，表示进一步追究，有加强语气的作用。多用于书面语，口语多用"到底"。带"吗"的问句不能用"究竟"。例如：

The adverb 究竟 is used in questions to press for an exact answer emphasizing the tone of inquiring. It is used in written language, while 到底 is used orally. 究竟 can not be used in questions ending with 吗. For example:

1. 问题究竟在哪里？
　　Wèntí jiūjìng zài nǎlǐ?

2. 究竟去还是不去？
　　Jiūjìng qù háishì bú qù?

二、你们一看见黄头发蓝眼睛的人，就准叫"老外"。
　　Nǐmen yí kànjiàn huáng tóufa lán yǎnjing de rén, jiù zhǔn jiào "lǎo wài".

"一……就……"是一个常用结构。在这里,前一个句子表示条件,后一个句子表示结果。例如:

The structure of 一…就… is frequently used. The first clause here represents the condition and the second one introduces the result. For example:

1. 一说到长城,我就想起那次中国旅行。
   Yì shuōdào Chángchéng, wǒ jiù xiǎng qǐ nà cì Zhōngguó lǚxíng.

2. 他一来,问题就解决了。
   Tā yì lái, wèntí jiù jiějué le.

三、在旅游、购物的时候,可不能当"老外"。
Zài lǚyóu、gòuwù de shíhou, kě bù néng dāng "lǎo wài".

"可"在祈使句里有"必须这样"的意思,有时有劝导的意思。"可"后一般有"要"、"得"等能愿动词,句末常常有语气助词。例如:

Used for emphasis, 可 in imperative sentences means that one must do things this way, and sometimes it is used to advise someone to do something. Generally, 可 is followed by modal auxiliaries like 要 and 得, and the sentence often ends with a modal particle. For example:

1. 去银行可要带上护照啊。
   Qù yínháng kě yào dàishang hùzhào a.

2. 明天去长城,今晚可得早点儿睡。
   Míngtiān qù Chángchéng, jīn wǎn kě děi zǎodiǎnr shuì.

练 习　Exercises

一、根据课文内容进行对话练习:
   Dialogue drills:

1. 请根据课文内容,充当角色 B 完成下列小对话:
   Complete the following short dialogues according to the text, playing the role of B:

   A: 杰克,"老外"这个词怎么样?
   　 Jiékè, "lǎo wài" zhège cí zěnmeyàng?

   B: ＿＿＿＿＿＿＿＿＿＿＿＿＿＿。

   A: 你知道"老外"究竟是什么意思?
   　 Nǐ zhīdao "lǎo wài" jiūjìng shì shénme yìsi?

   B: ＿＿＿＿＿＿＿＿＿＿＿＿＿＿。

2. 请根据课文内容,充当角色 A 完成下列小对话:

Complete the following short dialogues according to the text, playing the role of A:

B: "老外"还有别的意思？我怎么没听说过？
"Lǎo wài" hái yǒu bié de yìsi？Wǒ zěnme méi tīngshuōguo?

A: _____。

B: 在旅游、购物的时候,可不能当"老外"。
Zài lǚyóu、gòuwù de shíhou, kě bù néng dāng "lǎo wài".

A: _____。

二、请找出正确的句子：

Choose a correct sentence from A, B, and C:

1.
A. 你究竟知道"老外"是什么意思？ ☐
Nǐ jiūjìng zhīdao "lǎo wài" shì shénme yìsi?

B. 你知道"老外"究竟是什么意思？ ☐
Nǐ zhīdao "lǎo wài" jiūjìng shì shénme yìsi?

C. 你知道"老外"是究竟什么意思？ ☐
Nǐ zhīdao "lǎo wài" shì jiūjìng shénme yìsi?

2.
   A. 一你们看见黄头发蓝眼睛的人,就准叫"老外"。

   Yí nǐmen kànjiàn huáng tóufa lán yǎnjing de rén, jiù zhǔn jiào "lǎo wài".

   B. 你们一看见黄头发蓝眼睛的人,准就叫"老外"。

   Nǐmen yí kànjiàn huáng tóufa lán yǎnjing de rén, zhǔn jiù jiào "lǎo wài".

   C. 你们一看见黄头发蓝眼睛的人,就准叫"老外"。

   Nǐmen yí kànjiàn huáng tóufa lán yǎnjing de rén, jiù zhǔn jiào "lǎo wài".

3.
   A. 在旅游、购物的时候,不能可当"老外"。
   Zài lǚyóu、gòuwù de shíhou, bù néng kě dāng "lǎo wài".

   B. 在旅游、购物的时候,可不能当"老外"。
   Zài lǚyóu、gòuwù de shíhou, kě bù néng dāng "lǎo wài".

   C. 在旅游、购物的时候,不能当可"老外"。
   Zài lǚyóu、gòuwù de shíhou, bù néng dāng kě "lǎo wài".

答 案　Key to Exercises

一、

1.
B：" 老外"这个词挺有意思。
"Lǎo wài" zhège cí tǐng yǒu yìsi.

B：你们一看见黄头发蓝眼睛的人,就准叫"老外"。
Nǐmen yí kànjiàn huáng tóufa lán yǎnjing de rén, jiù zhǔn jiào "lǎo wài".

2.
A："老外"还有个意思是"外行"。
"Lǎo wài" hái yǒu ge yìsi shì "wàiháng".

A：还真是这样。
Hái zhēn shì zhèyàng.

二、

1. B
2. C
3. B

第十四课 游大上海

Lesson 14   Touring the Great Shanghai

地点：在饭店里
Site: In the hotel
人物：杰克·乔治、李小姐
Characters: Jack George and Miss Li

会　话 1   Dialogue 1

小　李：杰克，我们明天上午去豫园。

Xiǎo Lǐ: Jiékè, wǒmen míngtiān shàngwǔ qù Yù Yuán.

Miss Li: Jack, we are going to the Yuyuan Park tomorrow morning.

乔　治：什么？豫园？是不是城隍庙？

Qiáozhì: Shénme? Yù Yuán? Shì bu shì Chénghuáng Miào?

George: Yuyuan? Is it Chenghuangmiao Temple?

小　李：豫园就是城隍庙，那里有上海小吃。

Xiǎo Lǐ: Yù Yuán jiù shì Chénghuáng Miào, nàlǐ yǒu Shànghǎi xiǎochī.

Miss Li: They mean the same. There are plenty of local snacks.

乔　治：太好了，上海小吃非吃不可。

Qiáozhì: Tài hǎo le, Shànghǎi xiǎochī fēi chī bù kě.

George: Great! We must have a taste of them.

会　话 2　　　　Dialogue 2

乔　治：我还没去过南京路呢，城隍庙离南京路近吗？

Qiáozhì: Wǒ hái méi qùguo Nánjīng Lù ne, Chénghuáng Miào lí Nánjīng Lù jìn ma?

George: But I've never been to Nanjing Road yet. Is Chenghuangmiao Temple near Nanjing Road?

小　李：很近，明天可以去看看南京路的夜景。

Xiǎo Lǐ: Hěn jìn, míngtiān kěyǐ qù kànkan Nánjīng Lù de yèjǐng.

Miss Li: Yeah. And we can go and enjoy the night scene of

Nanjing Road tomorrow.

乔　治：从地图上看，在南京路上看得见东方明珠。

Qiáozhì: Cóng dìtú shang kàn, zài Nánjīng Lù shang kàn de jiàn Dōngfāng Míngzhū.

George: According to the map, we'll be able to see the "Eastern Pearl" from Nanjing Road.

小　李：你这个老外对上海还挺熟悉。

Xiǎo Lǐ: Nǐ zhège lǎo wài duì Shànghǎi hái tǐng shúxī.

George: You foreigner are so familiar with Shanghai.

生　词　　New Words

游	v.	yóu	tour
大	adj.	dà	great
上午	n.	shàngwǔ	morning
小吃	n.	xiǎochī	snack
非……不可		fēi……bù kě	must
那里	pron.	nàlǐ	there
夜景	n.	yèjǐng	night scene

地图	n.	dìtú	map
看得见		kàn de jiàn	see
对	prep.	duì	with, to
熟悉	adj.	shúxī	familiar

专名　Proper Nouns

豫园	Yù Yuán	Yuyuan Park
城隍庙	Chénghuáng Miào	Chenghuangmiao Temple
南京路	Nánjīng Lù	Nanjing Road
东方明珠	Dōngfāng Míngzhū	Eastern Pearl

语法　Grammar

一、上海小吃非吃不可。

　　Shànghǎi xiǎochī fēi chī bù kě.

"非……不可"表示一定要这样。"非"后大多数是动词或动词短语,也可以用主谓短语或指人的名词或代词,有时还用能愿动词"得"。"不可"也可以换成"不行"、"不成"。例如:

The structure 非...不可 means to be definite to do something. 非 is usually followed by a verb or a verbal phrase, a subject-predicate phrase and a personal noun or personal pronoun. Sometimes the modal auxiliary 得 can follow 非 as well. 不可 can be replaced with 不行 or 不成. For example:

1. 外面在下雨，可是他非要走不可。
   Wàimian zài xià yǔ, kěshì tā fēi yào zǒu bù kě.

2. 这个问题非得找小李不行。
   Zhège wèntí fēi děi zhǎo Xiǎo Lǐ bù xíng.

二、我还没去过南京路呢。
   Wǒ hái méi qùguo Nánjīng Lù ne.

"动词+过"表示曾经有过某种经历，所以只能用于过去，否定式是"没有/没+动词+过"，如果有宾语，宾语在"过"后边。例如：

The pattern of verb + 过 refers to past experiences, so it can only be used in past tense. Its negative form is 没有/没 + verb + 过. The object, if necessary, follows 过. For example:

1. 我还没吃过饺子呢。
   Wǒ hái méi chīguo jiǎozi ne.

2. 你去过桂林吗?
   Nǐ qùguo Guìlín ma?

三、你这个老外对上海还挺熟悉。
   Nǐ zhège lǎo wài duì Shànghǎi hái tǐng shúxī.

副词"挺"表示程度相当高,但比"很"的程度低。用于口语。常修饰形容词、动词。例如:

The adverb 挺 is used in oral Chinese, which shows a relatively higher extent. However, the extent described here is lower than 很. 挺 usually modifies adjectives and verbs. For example:

1. 汽车开得还挺快。
   Qìchē kāi de hái tǐng kuài.

2. 大家都挺喜欢他。
   Dàjiā dōu tǐng xǐhuan tā.

练 习　　Exercises

一、根据课文内容进行对话练习:
   Dialogue drills:

1. 请根据课文内容,充当角色 B 完成下列小对话:

Complete the following short dialogues according to the text, playing the role of B:

A: 杰克,我们明天上午去豫园怎么样?
　　Jiékè, wǒmen míngtiān shàngwǔ qù Yù Yuán zěnmeyàng?

B: _____?

A: 豫园就是城隍庙,那里有上海小吃。
　　Yù Yuán jiù shì Chénghuáng Miào, nàlǐ yǒu Shànghǎi xiǎochī.

B: _____。

2. 请根据课文内容,充当角色 A 完成下列小对话:
Complete the following short dialogues according to the text, playing the role of A:

B: 我还没去过南京路呢,城隍庙离南京路近吗?
　　Wǒ hái méi qùguo Nánjīng Lù ne, Chénghuáng Miào lí Nánjīng Lù jìn ma?

A: _____。

B: 从地图上看,在南京路上看得见东方明珠。
　　Cóng dìtú shang kàn, zài Nánjīng Lù shang kàn de jiàn Dōngfāng Míngzhū.

A: _____。

二、请找出正确的句子：
Choose a correct sentence from A, B, and C:

1.
    A. 非上海小吃吃不可。☐

       Fēi Shànghǎi xiǎochī chī bù kě.

    B. 吃上海小吃非不可。☐

       Chī Shànghǎi xiǎochī fēi bù kě.

    C. 上海小吃非吃不可。☐

       Shànghǎi xiǎochī fēi chī bù kě.

2.
    A. 我还没去南京路过呢。☐

       Wǒ hái méi qù Nánjīng Lù guo ne.

    B. 还我没去过南京路呢。☐

       Hái wǒ méi qùguo Nánjīng Lù ne.

    C. 我还没去过南京路呢。☐

       Wǒ hái méi qùguo Nánjīng Lù ne.

3.
    A. 还你这个老外对上海挺熟悉。☐

       Hái nǐ zhège lǎo wài duì Shànghǎi tǐng shúxī.

B. 你这个老外对上海还挺熟悉。☐

Nǐ zhège lǎo wài duì Shànghǎi hái tǐng shúxī.

C. 你这个老外对上海挺还熟悉。☐

Nǐ zhège lǎo wài duì Shànghǎi tǐng hái shúxī.

答案　Key to Exercises

一、

1.

B: 什么？豫园？是不是城隍庙？

Shénme? Yù Yuán? Shì bu shì Chénghuáng Miào?

B: 太好了，上海小吃非吃不可。

Tài hǎo le, Shànghǎi xiǎochī fēi chī bù kě.

2.

A: 很近，明天可以去看看南京路的夜景。

Hěn jìn, míngtiān kěyǐ qù kànkan Nánjīng Lù de yèjǐng.

A: 你这个老外对上海还挺熟悉。

Nǐ zhège lǎo wài duì Shànghǎi hái tǐng shúxī.

二、

1. C

2. C

3. B

第十五课 游杭州

Lesson 15　Touring Hangzhou

地点：在去杭州的路上
Site: On the way to Hangzhou
人物：杰克·乔治、李小姐
Characters: Jack George and Miss Li

会话1　Dialogue 1

乔　治：车开得真快，路两边的风景也不错。

Qiáozhì: Chē kāi de zhēn kuài, lù liǎngbiān de fēngjǐng yě búcuò.

George: How fast the car is! And the scene around is beautiful.

小　李：有了高速公路，从上海到杭州，只要两个多小时。

Xiǎo Lǐ: Yǒule gāosù gōnglù, cóng Shànghǎi dào Hángzhōu, zhǐ yào liǎng ge duō xiǎoshí.

Miss Li: It takes only two hours or more from Shanghai to Hangzhou since it's a freeway.

乔　治：那今天中午就能吃上东坡肉、西湖醋鱼了。

Qiáozhì: Nà jīntiān zhōngwǔ jiù néng chīshang Dōngpō Ròu、Xī Hú Cùyú le.

George: Then we can expect to have Dongpo Meat and West Lake Sour Fish for lunch by noon.

小　李：怎么你总想着吃？

Xiǎo Lǐ: Zěnme nǐ zǒng xiǎngzhe chī?

Miss Li: Why do you always think about eating?

会　话 2　　Dialogue 2

乔　治：面对着西湖，喝着绍兴酒，吃着名菜，都不想回美国了。

Qiáozhì: Miànduìzhe Xī Hú, hēzhe Shàoxīng Jiǔ, chīzhe míng cài, dōu bù xiǎng huí Měiguó le.

George: I don't even want to go back to USA while facing the West Lake and having famous dishes with Shaoxing Wine.

小　李：你忘了，这里是天堂啊！

Xiǎo Lǐ: Nǐ wàng le, zhèlǐ shì tiāntáng a!

Miss Li: Don't forget that it's Paradise here!

乔　治：我知道，上有天堂，下有苏杭嘛。苏州跟杭州一样吗？

Qiáozhì: Wǒ zhīdao, shàng yǒu tiāntáng, xià yǒu Sū Háng ma. Sūzhōu gēn Hángzhōu yíyàng ma?

George: Of course. I know that "Up above there is Paradise, down here there are Suzhou and Hangzhou". Is Suzhou the same as Hangzhou?

小　李：各有各的特点，我觉得苏州园林更迷人。

Xiǎo Lǐ: Gè yǒu gè de tèdiǎn, wǒ jué de Sūzhōu yuánlín gèng mírén.

Miss Li: They have their respective characteristics. But I think the gardens in Suzhou are more enchanting.

生　词　　New Words

| 路上 | n. | lùshang | all the way |
| 开 | v. | kāi | drive |

快	adj.	kuài	fast
两边	n.	liǎngbiān	both sides
不错	adj.	búcuò	not bad
高速公路		gāosù gōnglù	freeway
从……到		cóng……dào	from...to
只	adv.	zhǐ	only
中午	n.	zhōngwǔ	noon
总	adv.	zǒng	always
想	v.	xiǎng	think of
面	n.	miàn	face
对	prep.	duì	against
回	v.	huí	go back
喝	v.	hē	drink
名菜	n.	míng cài	famous dishes
天堂	n.	tiāntáng	heaven, paradise
特点	n.	tèdiǎn	characteristic
各有各的		gè yǒu gè de	each has its respective…
园林	n.	yuánlín	garden

觉得	v.	jué de	think, feel
更	adv.	gèng	more
迷人	adj.	mírén	enchanting, attractive

专　名　Proper Nouns

西湖醋鱼	Xī Hú Cùyú	West Lake Sour Fish
东坡肉	Dōngpō Ròu	Dongpo Meat
绍兴酒	Shàoxīng Jiǔ	Shaoxing Wine

语　法　Grammar

一、面对着西湖，喝着绍兴酒，吃着名菜，都不想回美国了。

Miànduìzhe Xī Hú, hēzhe Shàoxīng Jiǔ, chīzhe míng cài, dōu bù xiǎng huí Měiguó le.

这里的副词"都"可以表示"已经"或"甚至"。例如：

Here the adverb 都 means already or even. For example:

1. 你都知道了，那我就不说了。
   Nǐ dōu zhīdao le, nà wǒ jiù bù shuō le.

2. 喝了这么多酒，他都醉了。
   Hēle zhème duō jiǔ, tā dōu zuì le.

二、怎么你总想着吃？
   Zěnme nǐ zǒng xiǎngzhe chī?

"怎么 + 动词/形容词"询问原因，意思同"为什么"。"怎么"可以放在主语前，也可以放在主语后。例如：

The pattern 怎么 + verb/adjective is used to ask for reason, which is the same as 为什么 (why). 怎么 can appear either before or after the subject. For example:

1. 怎么今天这么热？
   Zěnme jīntiān zhème rè?

2. 你怎么这么高兴？
   Nǐ zěnme zhème gāoxìng?

三、各有各的特点。
   Gè yǒu gè de tèdiǎn.

"各……各(的)……"在这里强调所指的每个事物都是不同的。两个"各"的中间一般是动词。例如：

The pattern 各...各(的)... here emphasizes the difference. A verb should be inserted between the two 各. For example:

1. 我们家各人有各人的想法。
   Wǒmen jiā gè rén yǒu gè rén de xiǎngfǎ.
2. 下了班,我们各回各的家。
   Xiàle bān, wǒmen gè huí gè de jiā.

练 习　　Exercises

一、根据课文内容进行对话练习:
   Dialogue drills:

1. 请根据课文内容,充当角色B完成下列小对话:
   Complete the following short dialogues according to the text, playing the role of B:

   A: 乔治先生,坐车去杭州你觉得怎么样?
   　　Qiáozhì xiānsheng, zuò chē qù Hángzhōu nǐ juéde zěnmeyàng?

   B: _____。

   A: 到了杭州你想做什么?

Dàole Hángzhōu nǐ xiǎng zuò shénme?

B: _____。

2．请根据课文内容，充当角色A完成下列小对话：
Complete the following short dialogues according to the text, playing the role of A：

B: 面对着西湖，喝着绍兴酒，吃着名菜，都不想回美国了。
Miànduìzhe Xī Hú, hēzhe Shàoxīng Jiǔ, chīzhe míng cài, dōu bù xiǎng huí Měiguó le.

A: _____。

B: 我知道，上有天堂，下有苏杭嘛。苏州跟杭州一样吗？
Wǒ zhīdao, shàng yǒu tiāntáng, xià yǒu Sū Háng ma. Sūzhōu gēn Hángzhōu yíyàng ma?

A: _____。

二、请找出正确的句子：
Choose a correct sentence from A, B, and C：

1．
A. 面对着西湖，喝着绍兴酒，吃着名菜，不都想回美

国了。☐

Miànduìzhe Xī Hú, hēzhe Shàoxīng Jiǔ, chīzhe míng cài, bù dōu xiǎng huí Měiguó le.

B. 面对着西湖，喝着绍兴酒，吃着名菜，不想都回美国了。☐

Miànduìzhe Xī Hú, hēzhe Shàoxīng Jiǔ, chīzhe míngcài, bù xiǎng dōu huí Měiguó le.

C. 面对着西湖，喝着绍兴酒，吃着名菜，都不想回美国了。☐

Miànduìzhe Xī Hú, hēzhe Shàoxīng Jiǔ, chīzhe míngcài, dōu bù xiǎng huí Měiguó le.

2.
   A. 怎么你总想着吃？☐
      Zěnme nǐ zǒng xiǎngzhe chī?

   B. 怎么你想着总吃？☐
      Zěnme nǐ xiǎngzhe zǒng chī?

   C. 你总怎么想着吃？☐
      Nǐ zǒng zěnme xiǎngzhe chī?

3.
   A. 各有各特点，我觉得苏州园林更迷人。☐
      Gè yǒu gè tèdiǎn, wǒ jué de Sūzhōu yuánlín gèng mírén.

B. 各有各特点的,我觉得苏州园林更迷人。
   Gè yǒu gè tèdiǎn de, wǒ jué de Sūzhōu yuánlín gèng mírén.

C. 各有各的特点,我觉得苏州园林更迷人。
   Gè yǒu gè de tèdiǎn, wǒ jué de Sūzhōu yuánlín gèng mírén.

答 案　　Key to Exercises

一、

1.
　B: 车开得真快,路两边的风景也不错。
　　Chē kāi de zhēn kuài, lù liǎngbiān de fēngjǐng yě búcuò.

　B: 我最想吃东坡肉和西湖醋鱼了。
　　Wǒ zuì xiǎng chī Dōngpō Ròu hé Xī Hú Cùyú le.

2.
　A: 你忘了,这里是天堂啊!
　　Nǐ wàng le, zhèlǐ shì tiāntáng a!

　A: 各有各的特点,我觉得苏州园林更迷人。
　　Gè yǒu gè de tèdiǎn, wǒ jué de Sūzhōu yuánlín gèng mírén.

二、

1. C
2. A
3. C

第十六课 逛苏州

Lesson 16 Touring Suzhou

地点：在去苏州的路上
Site: On the way to Suzhou
人物：杰克·乔治、李小姐
Characters: Jack George and Miss Li

会话 1   Dialogue 1

乔　治：小李，我们的船是沿着运河走吧？

Qiáozhì: Xiǎo Lǐ, wǒmen de chuán shì yánzhe yùnhé zǒu ba?

George: Miss Li, our boat is sailing along the canal, isn't it?

小　李：是的，马上就能看到苏州古城了。

Xiǎo Lǐ: Shì de, mǎshàng jiù néng kàn dào Sūzhōu gǔchéng le.

Miss Li: Yes, it is. We are going to see the historical city of Suzhou very soon.

乔　治：你看,前面有小桥,两岸住着人家,真有意思。

Qiáozhì: Nǐ kàn, qiánmian yǒu xiǎo qiáo, liǎng'àn zhùzhe rénjiā, zhēn yǒu yìsi.

George: Look, there is a small bridge ahead, and there are many houses on both banks. It's very interesting.

小　李：还有人在那儿洗菜洗衣服呢!

Xiǎo Lǐ: Hái yǒu rén zài nàr xǐ cài xǐ yīfu ne!

Miss Li: And there are somebody washing vegetables and clothes over there!

会　话 2　　Dialogue 2

乔　治：苏州人说话说得真快,像唱歌似的。

Qiáozhì: Sūzhōu rén shuōhuà shuō de zhēn kuài, xiàng chànggē shì de.

George: The Suzhouese speaks so fast that it sounds like singing.

小　李：到了苏州,不能不听苏州评弹。

Xiǎo Lǐ: Dàole Sūzhōu, bù néng bù tīng Sūzhōu píngtán.

Miss Li: You should enjoy the storytelling and ballad singing in Suzhou dialect since you are in Suzhou.

乔　治：你能听懂？

Qiáozhì: Nǐ néng tīng dǒng?

George: Can you understand it?

小　李：没关系，可以看字幕。

Xiǎo Lǐ: Méi guānxi, kěyǐ kàn zìmù.

Miss Li: It doesn't matter. We can read the caption.

生　词　　　New Words

逛	v.	guàng	tour
船	n.	chuán	boat
沿	prep.	yán	along
运河	n.	yùnhé	canal
古城	n.	gǔchéng	historical city
桥	n.	qiáo	bridge
两岸		liǎng'àn	on both banks

人家	n.	rénjiā	dwelling house
洗	v.	xǐ	wash
衣服	n.	yīfu	clothes
说话		shuōhuà	speak
唱歌		chànggē	sing
像……似的		xiàng……shì de	like
评弹	n.	píngtán	storytelling and ballad singing in Suzhou dialect
听	v.	tīng	listen to
懂	v.	dǒng	understand
没关系		méi guānxi	it doesn't matter
字幕	n.	zìmù	caption

专名 Proper Noun

苏州	Sūzhōu	Suzhou

语　法　Grammar

一、我们的船是沿着运河走吧？
　　Wǒmen de chuán shì yánzhe yùnhé zǒu ba?

　　介词"沿"表示经过的路线。后面的名词短语或是抽象意义的词语前可以加"着"。例如：

The preposition 沿 refers to the route. 着 should be attached if 沿 is followed by a noun phrase or an abstract noun. For example：

1. 沿着这条路走，就到公园了。
　　Yánzhe zhè tiáo lù zǒu, jiù dào gōngyuán le.

2. 沿着运河可以从苏州到杭州。
　　Yánzhe yùnhé kěyǐ cóng Sūzhōu dào Hángzhōu.

二、苏州人说话说得真快，像唱歌似的。
　　Sūzhōu rén shuōhuà shuō de zhēn kuài, xiàng chànggē shì de.

　　动词"像"和"似的"搭配，是一个常用结构，表示两个事物有较多的共同点。可带名词宾语。例如：

The collocation of the verb 像 and 似的 is a frequently used structure, which means that there are many similarities between two objects, and it can be followed by a noun object. For example:

1. 他跑起来像箭似的。
   Tā pǎo qǐlai xiàng jiàn shì de.

2. 这孩子像个猴子似的,动个不停。
   Zhè háizi xiàng ge hóuzi shì de, dòng ge bù tíng.

三、到了苏州,不能不听苏州评弹。
Dàole Sūzhōu, bù néng bù tīng Sūzhōu píngtán.

"不……不……"是由两次否定来强调肯定。例如:

The structure 不…不… emphasizes the affirmation by using double negation. For example:

1. 我们都说好了,他不会不来。
   Wǒmen dōu shuō hǎo le, tā bú huì bù lái.

2. 北京烤鸭很有名,不吃不行。
   Běijīng kǎoyā hěn yǒu míng, bù chī bù xíng.

练习　Exercises

一、根据课文内容进行对话练习：
Dialogue drills:

1. 请根据课文内容，充当角色 B 完成下列小对话：
Complete the following short dialogues according to the text, playing the role of B:

A: 我们的船是沿着运河走吧？
　　Wǒmen de chuán shì yánzhe yùnhé zǒu ba?

B: _____。

A: 你觉得苏州古城怎么样？
　　Nǐ jué de Sūzhōu gǔchéng zěnmeyàng?

B: _____。

2. 请根据课文内容，充当角色 A 完成下列小对话：
Complete the following short dialogues according to the text, playing the role of A:

B: 苏州人说话说得很快吧？

Sūzhōu rén shuōhuà shuō de hěn kuài ba?

A: _____。

B: 你能听懂苏州评弹？
Nǐ néng tīng dǒng Sūzhōu píngtán?

A: _____。

二、请找出正确的句子：
Choose a correct sentence from A, B, and C:

1.
A. 是我们的船沿着运河走吧？ ☐
Shì wǒmen de chuán yánzhe yùnhé zǒu ba?

B. 我们的船是沿着运河走吧？ ☐
Wǒmen de chuán shì yánzhe yùnhé zǒu ba?

C. 我们的船沿运河走着吧？ ☐
Wǒmen de chuán yán yùnhé zǒuzhe ba?

2.
A. 苏州人说话真说得快,像唱歌似的。 ☐
Sūzhōu rén shuōhuà zhēn shuō de kuài, xiàng chànggē shìde.

B. 苏州人说话真快得,像唱歌似的。 ☐
Sūzhōu rén shuōhuà zhēn kuài de, xiàng chànggē

shì de.

C. 苏州人说话说得真快,像唱歌似的。☐
Sūzhōu rén shuōhuà shuō de zhēn kuài, xiàng chànggē shì de.

3.

A. 到了苏州,不能不听苏州评弹。☐
Dàole Sūzhōu, bù néng bù tīng Sūzhōu píngtán.

B. 到了苏州,不能听苏州评弹。☐
Dàole Sūzhōu, bù néng tīng Sūzhōu píngtán.

C. 到了苏州,不能听不苏州评弹。☐
Dàole Sūzhōu, bù néng tīng bù Sūzhōu píngtán.

答案　Key to Exercises

一、

1.

B: 是的,马上就能看到苏州古城了。
Shì de, mǎshàng jiù néng kàn dào Sūzhōu gǔchéng le.

B: 前面有小桥,两岸住着人家,真有意思。
Qiánmiàn yǒu xiǎo qiáo, liǎng'àn zhùzhe rénjiā, zhēn yǒu yìsi.

2.
   A：是的。苏州人说话说得很快，像唱歌似的。
      Shì de. Sūzhōu rén shuōhuà shuō de hěn kuài, xiàng chànggē shì de.

   A：没关系，可以看字幕。
      Méi guānxi, kěyǐ kàn zìmù.

二、
   1. B
   2. C
   3. A

坐车北上

Lesson 17　Going up North by Train

地点：去北京的前一天晚上，在饭店
Site: In the hotel, the evening before the day leaving for Beijing

人物：杰克·乔治、李小姐
Characters: Jack George and Miss Li

会　话 1　　Dialogue 1

小　李：杰克，明天我们要离开苏州了。

Xiǎo Lǐ: Jiékè, míngtiān wǒmen yào líkāi Sūzhōu le.

Miss Li: We are leaving Suzhou tomorrow, Jack.

乔　治：后天早晨就能到北京，坐火车也挺快的。

Qiáozhì: Hòutiān zǎochen jiù néng dào Běijīng, zuò huǒchē yě tǐng kuài de.

George: We will arrive in Beijing in the morning after tomorrow. It's quite fast by train.

小　李：一路上要经过江苏、安徽、山东、河北等四个省。
Xiǎo Lǐ: Yílù shang yào jīngguò Jiāngsū、Ānhuī、Shāndōng、Héběi děng sì ge shěng.

Miss Li: We will go through four provinces, they are Jiangsu, Anhui, Shandong and Hebei.

乔　治：还有天津市呢。我喜欢看沿途风光。
Qiáozhì: Hái yǒu Tiānjīn shì ne. Wǒ xǐhuan kàn yántú fēngguāng.

George: And also Tianjin. I like enjoying the landscape on the way.

地点：去北京的火车上
Sate: On the train to Beijing
人物：杰克·乔治、李小姐
Characters: George and Miss Li

会　话 2　　Dialogue 2

小　李：一路上休息得怎么样？

Xiǎo Lǐ: Yílù shang xiūxi de zěnmeyàng?

Miss Li: Did you have a good rest?

乔 治：休息得很好，可是很遗憾。

Qiáozhì: Xiūxi de hěn hǎo, kěshì hěn yíhàn.

George: Yes, I did. But it was so regretful.

小 李：是不是晚上没看到沿途风光？

Xiǎo Lǐ: Shì bu shì wǎnshang méi kàn dào yántú fēngguāng?

Miss Li: Do you mean that you missed the landscape along the way last night?

乔 治：对呀！到了山东就睡着了。

Qiáozhì: Duì ya! Dàole Shāndōng jiù shuì zháo le.

George: Yes. I fell asleep when we arrived in Shandong.

生 词　　New Words

坐	v.	zuò	sit, take (train)
北	n.	běi	north
上	v.	shàng	up

晚上	n.	wǎnshang	evening, night
离开	v.	líkāi	leave
后天	n.	hòutiān	the day after tomorrow
早晨	n.	zǎochen	morning
火车	n.	huǒchē	train
经过	v.	jīngguò	go through, pass,
省	n.	shěng	province
市	n.	shì	city
沿途		yántú	along the way
风光	n.	fēngguāng	landscape
遗憾	adj.	yíhàn	regretful
对	adj.	duì	right
睡	v.	shuì	sleep
着	v.	zháo	fall asleep

专 名 Proper Nouns

江苏	Jiāngsū	Jiangsu Province
安徽	Ānhuī	Anhui Province
山东	Shāndōng	Shandong Province

| 河北 | Héběi | Hebei Province |
| 天津 | Tiānjīn | Tianjin city |

语　法　　Grammar

一、明天我们要离开苏州了。
　　Míngtiān wǒmen yào líkāi Sūzhōu le.

"要……了"表示即将发生某种情况,还可以说"快……了"、"就要……了"。"快(要)……了"前不能有时间词,"要……了"、"就要……了"前可以有时间词。例如:

The structure 要…了 means that something is about to happen. We can also use the structure 快(要)…了 or 就要…了. Time words can not be put before 快(要)…了, instead they can be used before 要…了 and 就要…了. For example:

1. 再有五分钟就要开车了。
　　Zài yǒu wǔ fēnzhōng jiù yào kāi chē le.

2. 快点儿起床吧,上班要迟到了。
　　Kuài diǎnr qǐchuáng ba, shàngbān yào chídào le.

二、休息得很好,可是很遗憾。
　　Xiūxi de hěn hǎo, kěshì hěn yíhàn.

"动词+得+形容词"表示动作达到某种程度。例如：

The structure verb +得+ adjective indicates that the action has reached a certain extent. For example:

1. 杰克汉语说得很好。
   Jiékè Hànyǔ shuō de hěn hǎo.

2. 游泳他游得很快。
   Yóuyǒng tā yóu de hěn kuài.

三、对呀！到了山东就睡着了。
　　Duì ya! Dàole Shāndōng jiù shuì zháo le.

副词"就"在这里表示强调。例如：

Here the adverb 就 illustrates the tone of emphasis. For example:

1. 天不亮,他就起来了。
   Tiān bú liàng, tā jiù qǐlai le.

2. 五年以前我们就认识了。
   Wǔ nián yǐqián wǒmen jiù rènshi le.

练习　Exercises

一、根据课文内容进行对话练习：
Dialogue drills:

1. 请根据课文内容，充当角色 B 完成下列小对话：
Complete the following short dialogues according to the text, playing the role of B:

A：我们什么时候能到北京？
　　Wǒmen shénme shíhou néng dào Běijīng?

B：_____。

A：一路上要经过几个省市？
　　Yílù shang yào jīngguò jǐ ge shěng shì?

B：_____。

2. 请根据课文内容，充当角色 A 完成下列小对话：
Complete the following short dialogues according to the text, playing the role of A:

B：真遗憾！
　　Zhēn yíhàn!

A: _____。

B: 我到了山东就睡着了。
Wǒ dàole Shāndōng jiù shuì zháo le.

A: _____。

二、请找出正确的句子:
Choose a correct sentence from A, B, and C:

1.
A. 要明天我们离开苏州了。☐
Yào míngtiān wǒmen líkāi Sūzhōu le.

B. 我们要明天离开苏州了。☐
Wǒmen yào míngtiān líkāi Sūzhōu le.

C. 明天我们要离开苏州了。☐
Míngtiān wǒmen yào líkāi Sūzhōu le.

2.
A. 很休息得好,可是很遗憾。☐
Hěn xiūxi de hǎo, kěshì hěn yíhàn.

B. 休息得很好,可是很遗憾。☐
Xiūxi de hěn hǎo, kěshì hěn yíhàn.

C. 休息好得很,可是很遗憾。☐
Xiūxi hǎo de hěn, kěshì hěn yíhàn.

3.

   A. 对呀！就到了山东睡着了。☐

      Duì ya! Jiù dàole Shāndōng shuì zháo le.

   B. 对呀！到了山东就睡着了。☐

      Duì ya! Dàole Shāndōng jiù shuì zháo le.

   C. 对呀！到了山东睡就着了。☐

      Duì ya! Dàole Shāndōng shuì jiù zháo le.

答 案　　Key to Exercises

一、

1.

   B: 后天早晨就能到北京。

      Hòutiān zǎochen jiù néng dào Běijīng.

   B: 要经过江苏、安徽、山东、河北等四个省，还有天津市呢。

      Yào jīngguò Jiāngsū、Ānhuī、Shāndōng、Héběi děng sì ge shěng, hái yǒu Tiānjīn shì ne.

2.

   A: 是不是因为晚上没看到沿途风光？

      Shì bu shì yīnwèi wǎnshang méi kàn dào yántú fēngguāng?

A：这一路上你休息得很好。
Zhè yílù shang nǐ xiūxi de hěn hǎo.

二、
1. C
2. B
3. B

第十八课 看北京城

Lesson 18　Touring Beijing

地点：在火车上
Site: On the train
人物：杰克·乔治和李小姐
Characters: Jack George and Miss Li

会话 1　Dialogue 1

乔　治：到了北京,我想先去琉璃厂。

Qiáozhì: Dàole Běijīng, wǒ xiǎng xiān qù Liúli Chǎng.

George: When we reach Beijing, I'd like to go to Liulichang first.

小　李：哦,那里是购买文房四宝的好地方。

Xiǎo Lǐ: ò, nàlǐ shì gòumǎi wénfáng sì bǎo de hǎo dìfang.

Miss Li: Oh, that's a good place to buy the "four treasures of the study".

乔　治：除了购物，还想看看名人字画。

Qiáozhì: Chúle gòuwù, hái xiǎng kànkan míngrén zì huà.

George: Apart from shopping, I'd like to have a look at some pieces of calligraphy and paintings by famous artists as well.

小　李：你真不简单！

Xiǎo Lǐ: Nǐ zhēn bù jiǎndān!

Miss Li: You are really marvellous!

会　话 2　　Dialogue 2

小　李：买完东西，我们去故宫好吗？

Xiǎo Lǐ: Mǎi wán dōngxi, wǒmen qù Gù Gōng hǎo ma?

Miss Li: Shall we go to the Forbidden City after shopping?

乔　治：好的，那儿是明清两代的皇宫，已经有五六百年的历史了。

Qiáozhì: Hǎo de, nàr shì Míng Qīng liǎng dài de huánggōng, yǐjing yǒu wǔ liù bǎi nián de lìshǐ le.

George: OK. That's the imperial palace of Ming and Qing

dynasties with a history of 500 to 600 years.

小 李：你真是个中国通。

Xiǎo Lǐ: Nǐ zhēn shì ge Zhōngguó tōng.

Miss Li: You are really a sinologue.

乔 治：哪里！还差得远呢。

Qiáozhì: Nǎli! Hái chà de yuǎn ne.

George: Not at all, I still have a long way to go.

生 词　　New Words

哦	interj.	ò	oh
购买	v.	gòumǎi	buy
文房四宝		wénfáng sì bǎo	four treasures of the study
名人	n.	míngrén	famous person, celebrity
字画	n.	zì huà	calligraphy and painting
不简单		bù jiǎndān	marvellous

完	v.	wán	finish
东西	n.	dōngxi	goods
已经	adv.	yǐjing	already
代	n.	dài	dynasty
皇宫	n.	huánggōng	imperial palace
历史	n.	lìshǐ	history
哪里	pron.	nǎli	where
通	n.	tōng	an old hand
差得远		chà de yuǎn	long way to go

专名　Proper Nouns

琉璃厂	Liúli Chǎng	Liulichang
故宫	Gù Gōng	the Forbidden City
明	Míng	Ming Dynasty
清	Qīng	Qing Dynasty

语法　Grammar

一、你真不简单！

Nǐ zhēn bù jiǎndān!

"不简单"的意思是不平凡、不普通,含有赞扬、感叹的意味。例如:

不简单 means uncommon with implications of praise and exclamation. For example:

1. 她汉语说得这么好,真不简单!
   Tā Hànyǔ shuō de zhème hǎo, zhēn bù jiǎndān!
2. 你知道中国的这么多地方,真不简单!
   Nǐ zhīdào Zhōngguó de zhème duō dìfang, zhēn bù jiǎndān!

二、你真是个中国通。
   Nǐ zhēn shì ge Zhōngguó tōng.

"名词+通"表示在某方面十分精通。例如:

A noun + 通 means proficiency in a certain aspect. For example:

他在美国三十年了,是一个地道的美国通。
Tā zài Měiguó sānshí nián le, shì yí ge dìdao de Měiguó tōng.

三、哪里!还差得远呢。

Nǎli! Hái chà de yuǎn ne.

"哪里"常用来表示谦虚,用于口语。例如:

The word 哪里 is usually used in oral language to show modesty. For example:

A: 您汉语说得真不错!
Nín Hànyǔ shuō de zhēn bú cuò!

B: 哪里! 还差得远呢。
Nǎli! Hái chà de yuǎn ne.

练 习　　Exercises

一、根据课文内容进行对话练习:
Dialogue drills:

1. 请根据课文内容,充当角色 B 完成下列小对话:
Complete the following short dialogues according to the text, playing the role of B:

A: 到了北京,你想先去哪儿?
Dàole Běijīng, nǐ xiǎng xiān qù nǎr?

B: _____。

A：你想去琉璃厂购物吗？
　　Nǐ xiǎng qù Liúli Chǎng gòuwù ma?

B：_____。

2. 请根据课文内容,充当角色 A 完成下列小对话：
Complete the following short dialogues according to the text, playing the role of A：

B：买完东西,我们去故宫好吗？
　　Mǎi wán dōngxi, wǒmen qù Gù Gōng hǎo ma?

A：_____，

B：你真是个中国通。
　　Nǐ zhēn shì ge Zhōngguó tōng.

A：_____。

二、请找出正确的句子：
Choose a correct sentence from A, B, and C：

1.
　A. 你不真简单！ ☐
　　Nǐ bù zhēn jiǎndān!

　B. 真你不简单！ ☐
　　Zhēn nǐ bù jiǎndān!

C. 你真不简单！ ☐

   Nǐ zhēn bù jiǎndān!

2.

   A. 你真是个通中国！ ☐

      Nǐ zhēn shì ge tōng Zhōngguó!

   B. 真你是个中国通！ ☐

      Zhēn nǐ shì ge Zhōngguó tōng!

   C. 你真是个中国通！ ☐

      Nǐ zhēn shì ge Zhōngguó tōng!

3.

   A. 哪里！还差得远呢。 ☐

      Nǎli! Hái chà de yuǎn ne.

   B. 哪里！还差远得呢。 ☐

      Nǎli! Hái chà yuǎn de ne.

   C. 哪里！差还远得呢。 ☐

      Nǎli! Chà hái yuǎn de ne.

答 案　　Key to Exercises

一、

1.

B：我想先去琉璃厂。
Wǒ xiǎng xiān qù Liúli Chǎng.

B：除了购物，我还想看看名人字画。
Chúle gòuwù, wǒ hái xiǎng kànkan míngrén zì huà.

2.
A：好的，那儿是明清两代的皇宫，已经有五六百年的历史了。
Hǎo de, nàr shì Míng Qīng liǎng dài de huánggōng, yǐjing yǒu wǔ liù bǎi nián de lìshǐ le.

A：哪里！还差得远呢。
Nǎli! Hái chà de yuǎn ne.

二、

1. C
2. C
3. A

第十九课 皇家园林

Lesson 19　The Imperial Garden

地点：在颐和园里
Cite: In the Summer Palace
人物：杰克·乔治、李小姐
Characters: Jack George and Miss Li

会话 1　　Dialogue 1

乔　治：颐和园美极了！

Qiáozhì: Yíhé Yuán měi jí le!

George: The Summer Palace is very beautiful.

小　李：颐和园设计得非常巧妙，你看出来了吗？

Xiǎo Lǐ: Yíhé Yuán shèjì de fēicháng qiǎomiào, nǐ kàn chūlai le ma?

Miss Li: The design of the Summer Palace is very skillful. Can you catch the point?

乔　治：这里的风景有苏杭一带的特点。

Qiáozhì: Zhèlǐ de fēngjǐng yǒu Sū Háng yídài de tèdiǎn.

George: The scenery here has got the characters of the gardens in the area of Suzhou and Hangzhou.

小　李：你只说对了一半。

Xiǎo Lǐ: Nǐ zhǐ shuō duì le yíbàn.

Miss Li: You've got only part of it.

会　话 2　　Dialogue 2

小　李：你看,湖里有远处山的倒影,多美呀!

Xiǎo Lǐ: Nǐ kàn, hú lǐ yǒu yuǎn chù shān de dàoyǐng, duō měi ya!

Miss Li: Look, there is an inverted reflection of the mountain far away in the lake. How beautiful it is!.

乔　治：这是一幅天然的风景画。

Qiáozhì: Zhè shì yì fú tiānrán de fēngjǐng huà.

George: This is a natural landscape painting.

小　李：远处的山不在颐和园里边，这叫借景造园。

Xiǎo Lǐ: Yuǎn chù de shān bú zài Yíhé Yuán lǐbian, zhè jiào jiè jǐng zào yuán.

Miss Li: But the mountain is not in Summer Palace. That is called "making a garden borrowing the other scenery".

乔　治：原来是这样，真不简单。

Qiáozhì: Yuánlái shì zhèyàng, zhēn bù jiǎndān.

George: So here is the point. It's so incredible.

生　词　　New Words

皇家	n.	huángjiā	imperial family
美	adj.	měi	beautiful
极	adv.	jí	extremely
设计	v.	shèjì	design
非常	adv.	fēicháng	really
巧妙	adj.	qiǎomiào	skillful
一半	n.	yíbàn	half
湖	n.	hú	lake
处	n.	chù	be in a certain position

山	n.	shān	mountain
倒影	n.	dàoyǐng	inverted reflection
幅	m.w.	fú	piece
天然	adj.	tiānrán	natural
画	n.	huà	painting
里边	n.	lǐbian	inside
叫	v.	jiào	call
借	v.	jiè	with the help of, borrow
景	n.	jǐng	scenery
造	v.	zào	make
园	n.	yuán	garden
原来	adv.	yuánlái	originally

专　名　Proper Noun

颐和园	Yíhé Yuán	the Summer Palace

语　法　Grammar

一、颐和园美极了。

Yíhé Yuán měi jí le.

副词"极"表示程度很高。常用于口语。例如：

The adverb 极 usually appears in oral language to indicate a high degree. For example:

1. 这本小说有意思极了。
    Zhè běn xiǎoshuō yǒu yìsi jí le.

2. 那家商店的东西贵极了。
    Nà jiā shāngdiàn de dōngxi guì jí le.

二、颐和园设计得非常巧妙,你看出来了吗？
　　Yíhé Yuán shèjì de fēicháng qiǎomiào, nǐ kàn chūlai le ma?

"出来"用在动词后边,表示趋向,这儿的意思可以引申为人或事物由隐蔽到显露。例如：

The phrase 出来 is put after a verb to indicate direction. Here it is extended to indicate the process from concealment to exposure. For example:

1. 你能猜出来他是哪国人吗？
    Nǐ néng cāi chūlai tā shì nǎ guó rén ma?

2. 他能听出来我是外国人。

Tā néng tīng chūlai wǒ shì wàiguó rén.

三、原来是这样，真不简单。
Yuánlái shì zhèyàng, zhēn bù jiǎndān.

　　副词"原来"是发现从前不知道的情况，含有恍然醒悟的意思。可用在主语前，也可用在主语后。例如：

The adverb 原来 means to find out something unknown before, with the implication of sudden realization. The structure can be put either before or after the subject. For example:

1. 我说这几天没看见你，原来你去旅行了。
   Wǒ shuō zhè jǐ tiān méi kànjiàn nǐ, yuánlái nǐ qù lǚxíng le.
2. 原来他就是你哥哥啊，怪不得我总觉得跟你长得那么像。
   Yuánlái tā jiù shì nǐ gēge a, guài bù de wǒ zǒng jué de gēn nǐ zhǎng de nàme xiàng.

练习　　Exercises

一、根据课文内容进行对话练习：
　　Dialogue drills:

1. 请根据课文内容,充当角色B完成下列小对话:
Complete the following short dialogues according to the text, playing the role of B:

A: 你觉得颐和园怎么样?
Nǐ jué de Yíhé Yuán zěnmeyàng?

B: _____。

A: 颐和园设计得非常巧妙,你看出来了吗?
Yíhé Yuán shèjì de fēicháng qiǎomiào, nǐ kàn chūlai le ma?

B: _____。

2. 请根据课文内容,充当角色A完成下列小对话:
Complete the following short dialogues according to the text, playing the role of A:

B: 这是一幅天然的风景画。
Zhè shì yì fú tiānrán de fēngjǐng huà.

A: _____。

B: 远处的山在哪儿?
Yuǎn chù de shān zài nǎr?

A: _____。

二、请找出正确的句子：
Choose a correct sentence from A, B, and C:

1.
    A. 颐和园美极。☐
       Yíhé Yuán měi jí.

    B. 颐和园极美了。☐
       Yíhé Yuán jí měi le.

    C. 颐和园美极了。☐
       Yíhé Yuán měi jí le.

2.
    A. 颐和园设计得非常巧妙，你看了出来吗？☐
       Yíhé Yuán shèjì de fēicháng qiǎomiào, nǐ kànle chūlai ma?

    B. 颐和园设计得非常巧妙，你看出了来吗？☐
       Yíhé Yuán shèjì de fēicháng qiǎomiào, nǐ kàn chūle lai ma?

    C. 颐和园设计得非常巧妙，你看出来了吗？☐
       Yíhé Yuán shèjì de fēicháng qiǎomiào, nǐ kàn chūlai le ma?

3.

 A. 是原来这样，真不简单。☐
  Shì yuánlái zhèyàng, zhēn bù jiǎndān.

 B. 原来是这样，真不简单。☐
  Yuánlái shì zhèyàng, zhēn bù jiǎndān.

 C. 这样原来是，真不简单。☐
  Zhèyàng yuánlái shì, zhēn bù jiǎndān.

答案　Key to Exercises

一、

1.

 B：颐和园美极了！
  Yíhé Yuán měi jí le!

 B：这里的风景有苏杭一带的特点。
  Zhèlǐ de fēngjǐng yǒu Sū Háng yídài de tèdiǎn.

2.

 A：是啊。你看，湖里有远处山的倒影，多美呀！
  Shì a. Nǐ kàn, hú lǐ yǒu yuǎn chù shān de dàoyǐng, duō měi ya!

 A. 远处的山不在颐和园里边，这叫借景造园。
  Yuǎn chù de shān bú zài Yíhé Yuán lǐbian, zhè jiào jiè jǐng zào yuán.

二、
1. C
2. C
3. B

第二十课 今天可能休息不好了

Lesson 20　May Not Have a Good Rest

地点：从长城回来的路上
Cite: On the way back from the Great Wall
人物：杰克·乔治、李小姐
Characters: Jack George and Miss Li

会 话 1　　Dialogue 1

乔　治：小李,长城给我的印象太难忘了。

Qiáozhì: Xiǎo Lǐ, Chángchéng gěi wǒ de yìnxiàng tài nánwàng le.

George: Miss Li, the Great Wall made an unforgettable impression on me.

小　李：到过长城,你就不会遗憾了。

Xiǎo Lǐ: Dàoguo Chángchéng, nǐ jiù bú huì yíhàn le.

Miss Li: You wouldn't regret if you have been to the Great Wall.

乔 治：不到长城非好汉嘛！我还爬上了最高处。

Qiáozhì: Bú dào Chángchéng fēi hǎohàn ma! Wǒ hái páshangle zuì gāo chù.

George: If you fail to reach the Great Wall, you are not a man. What's more, I got to the top of it.

小 李：我爬不上去,每次去长城,都只爬到半山腰。

Xiǎo Lǐ: Wǒ pá bú shàngqù, měi cì qù Chángchéng, dōu zhǐ pá dào bàn shānyāo.

Miss Li: I can't climb to the top of the Great Wall. I could only get halfway every time I went there.

会 话 2　　Dialogue 2

小 李：杰克,明天六点半起床,七点一刻送你去机场。

Xiǎo Lǐ: Jiékè, míngtiān liù diǎn bàn qǐchuáng, qī diǎn yí kè sòng nǐ qù jīchǎng.

Miss Li: Jack, please get up at half past six tomorrow morning, and I'll take you to the airport at a quarter past seven.

乔　治：时间过得真快，我不想那么快回去。

Qiáozhì: Shíjiān guò de zhēn kuài, wǒ bù xiǎng nàme kuài huíqu.

George: How fast time flies! I don't want to go back so soon.

小　李：欢迎你以后有机会再来。今天晚上好好儿休息。

Xiǎo Lǐ: Huānyíng nǐ yǐhòu yǒu jīhuì zài lái. Jīntiān wǎnshang hǎohāor xiūxi.

Miss Li: Hope you could come again when you have an opportunity next time. Have a good sleep tonight.

乔　治：谢谢你一路上的帮助，今天可能休息不好了。

Qiáozhì: Xièxie nǐ yílù shang de bāngzhù, jīntiān kěnéng xiūxi bù hǎo le.

George: Thanks for your help all over the journey. I may not have a good rest tonight.

生　词　　　New Words

| 印象 | n. | yìnxiàng | impression |

难忘	adj.	nánwàng	unforgettable
好汉	n.	hǎohàn	hero
爬	v.	pá	climb
最	adv.	zuì	most
高	adj.	gāo	high
每	pron.	měi	every
次	m.w.	cì	time
半山腰	n.	bàn shānyāo	halfway up the mountain
起床		qǐchuáng	get up
刻	n.	kè	quarter
时间	n.	shíjiān	time
过	v.	guò	pass
那么	pron.	nàme	such, so
机会	n.	jīhuì	chance, opportunity

专 名　　Proper Noun

长城	Chángchéng	the Great Wall

语法　Grammar

一、不到长城非好汉嘛！
　　Bú dào Chángchéng fēi hǎohàn ma!

"非"在这里作动词，是"不是"的意思。只用于书面语。多用在固定格式里。例如：

非 is only used in written language as a verb which means no or not, and it is mostly applied to some fixed patterns. For example:

1. 他们两个人非亲非故。
   Tāmen liǎng ge rén fēi qīn fēi gù.
2. 这事非一言两语能说得清楚的。
   Zhè shì fēi yì yán liǎng yǔ néng shuō de qīngchu de.

二、我爬不上去，每次去长城，都只爬到半山腰。
　　Wǒ pá bú shàngqù, měi cì qù Chángchéng, dōu zhǐ pá dào bàn shānyāo.

"上去"用在动词后，表示动作的趋向。使用时要注意说话人的位置。表示趋向的还有"上来"、"下来"、"下去"等等。例如：

The phrase 上去 is put after a verb to indicate the trend of an action. Attention should be paid to the speaker's position. 上来, 下来, and 下去 are similar in usage. For example:

1. 我走得下去,不用坐缆车。(说话人在山上)
   Wǒ zǒu de xiàqù, bú yòng zuò lǎnchē.
   (The speaker is on the mountain.)

2. 东西放好了是掉不下来的。(东西放在桌子上)
   Dōngxi fàng hǎo le shì diào bú xiàlai de.
   (Sth. is on the desk.)

三、欢迎你以后有机会再来。今天晚上好好儿休息。
   Huānyíng nǐ yǐhòu yǒu jīhuì zài lái. Jīntiān wǎnshang hǎohāor xiūxi.

汉语中一部分形容词可以重叠,重叠形式是 AA 或 AABB。重叠后一般表示性质状态的程度加深。例如:

Some adjectives can be reduplicated in the pattern AA or AABB. The reduplication deepens the degree of the quality and state. For example:

1. 今天他早早儿地来了。
   Jīntiān tā zǎozāor de lái le.

2. 孩子们高高兴兴地去上学。

Háizimen gāogāoxìngxìng de qù shàngxué.

练 习　　Exercises

一、根据课文内容进行对话练习：
Dialogue drills:

1. 请根据课文内容,充当角色 B 完成下列小对话：
Complete the following short dialogues according to the text, playing the role of B:

A：你对长城的印象怎么样？
Nǐ duì Chángchéng de yìnxiàng zěnmeyàng?

B：_____。

A：你爬到最高处了吗？
Nǐ pá dào zuì gāo chù le ma?

B：_____。

2. 请根据课文内容,充当角色 A 完成下列小对话：
Complete the following short dialogues according to the text, playing the role of A:

B：明天我们几点去机场？

Míngtiān wǒmen jǐ diǎn qù jīchǎng?

A: _____。

B: 我不想那么快回去。
Wǒ bù xiǎng nàme kuài huíqu.

A: _____。

二、请找出正确的句子：
Choose a correct sentence from A, B, and C:

1.
A. 不到长城非是好汉嘛! ☐
Bú dào Chángchéng fēi shì hǎohàn ma!

B. 不到长城非好汉嘛! ☐
Bú dào Chángchéng fēi hǎohàn ma!

C. 不到长城不好汉嘛! ☐
Bú dào Chángchéng bù hǎohàn ma!

2.
A. 我不爬上去,每次去长城,都只爬到半山腰。 ☐

Wǒ bù pá shàngqù, měi cì qù Chángchéng, dōu zhǐ pá dào bàn shānyāo.

B. 我爬上不去,每次去长城,都只爬到半山腰。

☐

Wǒ pá shàng bú qù, měi cì qù Chángchéng, dōu zhǐ pá dào bàn shānyāo.

C. 我爬不上去，每次去长城，都只爬到半山腰。

☐

Wǒ pá bu shàngqù, měi cì qù Chángchéng, dōu zhǐ pá dào bàn shānyāo.

3.
A. 欢迎你以后有机会再来。今天晚上好休息。

☐

Huānyíng nǐ yǐhòu yǒu jīhuì zài lái. Jīntiān wǎnshang hǎo xiūxi.

B. 欢迎你以后有机会再来。好好今天晚上休息。

☐

Huānyíng nǐ yǐhòu yǒu jīhuì zài lái. Hǎohāor jīntiān wǎnshang xiūxi.

C. 欢迎你以后有机会再来。今天晚上好好儿休息。

☐

Huānyíng nǐ yǐhòu yǒu jīhuì zài lái. Jīntiān wǎnshang hǎohāor xiūxi.

答 案 Key to Exercises

一、

1.
B：长城给我的印象太难忘了。
Chángchéng gěi wǒ de yìnxiàng tài nánwàng le.

B：我爬到了最高处。
Wǒ pádaole zuì gāo chù.

2.
A：明天六点半起床，七点一刻送你去机场。
Míngtiān liù diǎn bàn qǐchuáng, qī diǎn yí kè sòng nǐ qù jīchǎng.

A：欢迎你以后有机会再来。
Huānyíng nǐ yǐhòu yǒu jīhuì zài lái.

二、

1. B
2. C
3. C

附 录

一、中国常用和急用电话号码：

Phone numbers for emergencies and public services

114	电话查询
117	报时
121	预报天气
119	火警
110	报警
120	医疗急救

二、几大旅游城市的若干饭店及电话号码：

Telephone numbers of some hotels in the main tourist cities

北京

北京饭店	86-10-65137766
京伦饭店	65002266
王府饭店	65128899
香格里拉饭店	68412211
长城饭店	65905566
长富宫饭店	65125555
北京国际饭店	65126688
昆仑饭店	65903388
中国大饭店	65052266
北京新世纪饭店	68492001

上海

华亭宾馆	86-21-64391000
静安希尔顿饭店	62480000
虹桥宾馆	62753388
浦东假日酒店	58306666
新锦江大酒店	64151188
和平饭店	63216888

苏州

凯莱大酒店	86-512-5218855
新城花园酒店	68250228
苏州饭店	5204646

杭州

杭州国际大厦	86-571-85156666
五洲大酒店	87088088
杭州香格里拉饭店	87977951

广州

中国大酒店	86-20-84418888
东方宾馆	86669900
白天鹅宾馆	81886968

西安

喜来登大酒店	86-29-4261888
古都新世界大酒店	7216868
西安宾馆	5261351

桂林

桂林帝苑酒店	86-773-5812411
桂林大宇大饭店	2825588
假日桂林宾馆	2823950

成都

银河王朝大酒店	86-28-6618888
总府皇冠假日酒店	6786666
四川锦江宾馆	5582222

昆明

昆明饭店	86-871-3162063
昆明樱花假日酒店	3165888
金龙饭店	3133015

三、中国主要节日

Important holidays in China

元旦	1月1日
春节	农历正月初一
元宵节	农历正月十五

妇女节	3月8日
劳动节	5月1日
青年节	5月4日
端午节	农历五月初五
儿童节	6月1日
中秋节	农历八月十五
国庆节	10月1日
重阳节	农历九月初九
腊八节	农历腊月初八

责任编辑：龙燕俐
封面设计：火　柴

旅游汉语

王　健　编著

*

ⓒ华语教学出版社
华语教学出版社出版
（中国北京百万庄路 24 号）
邮政编码 100037
电话：86-010-68326333/68995871
传真：86-010-68326333
电子信箱：sinolingua@ihw.com.cn

北京外文印刷厂印刷
中国国际图书贸易总公司海外发行
（中国北京车公庄西路 35 号）
北京邮政信箱第 399 号　邮政编码 100044
新华书店国内发行
2002 年（大 32 开）第一版
（汉英）
ISBN 7-80052-834-0/H·1340（外）
01800
9-CE-3499P